中国特色现代化会计人才培养系列教材

总主编 姚凤民

《税法》学习指导

主 编◎李志凤 刘 伟
副主编◎焦 熙 张嘉明 李秋茹 殷苑秋

中国财经出版传媒集团

经济科学出版社
Economic Science Press

·北京·

图书在版编目（CIP）数据

《税法》学习指导 / 李志凤，刘伟主编；焦熙等副主编 . -- 北京 ：经济科学出版社，2025. 1. --（中国特色现代化会计人才培养系列教材）. -- ISBN 978 - 7 - 5218 - 6665 - 0

Ⅰ. D922. 22

中国国家版本馆 CIP 数据核字第 2025KC1025 号

责任编辑：李　林
责任校对：李　建
责任印制：范　艳

《税法》学习指导
《SHUIFA》XUEXI ZHIDAO
主　编　李志凤　刘　伟
副主编　焦　熙　张嘉明　李秋茹　殷苑秋
经济科学出版社出版、发行　新华书店经销
社址：北京市海淀区阜成路甲 28 号　邮编：100142
总编部电话：010 - 88191217　发行部电话：010 - 88191522
网址：www. esp. com. cn
电子邮箱：esp@ esp. com. cn
天猫网店：经济科学出版社旗舰店
网址：http://jjkxcbs. tmall. com
北京季蜂印刷有限公司印装
787 × 1092　16 开　11. 75 印张　210000 字
2025 年 1 月第 1 版　2025 年 1 月第 1 次印刷
ISBN 978 - 7 - 5218 - 6665 - 0　定价：35. 00 元
（如有印装问题，本社负责调换。电话：010 - 88191545）
（版权所有　侵权必究　打击盗版　举报热线：010 - 88191661
举报邮箱：12791300　营销中心电话：010 - 88191537
电子邮箱：dbts@ esp. com. cn）

总　序

　　中国史前人类创造计量记录符号的现实目标，是中国会计产生的历史起点[1]。可见，会计与人类社会的发展共生共存共进，会计学是人类历史上较为古老的知识体系，其知识谱系与方法的演进体现了人类生产的进阶与文明的进步。因此，会计人才的培养在任何时期都承载着其特有的历史使命。当今随着 AI、大数据、云计算、区块链的赋能，会计逐步转向共享会计、智慧会计、数字会计，社会需要越来越多适应新时代要求的会计人才，这对会计人才培养提出了新要求、新挑战、新使命。如何提高会计人才培养质量，满足社会需求，已成为新时代我国会计教育所面临的重要任务。

　　会计教育的本质并非是单一的知识点传授，更是一种思维能力、跨学科能力、综合应用能力的培养；会计不仅仅是专业培养，更是一种职业教育，是技术含量非常高的、专业化的职业。面对当下复杂市场交易的世界以及数智技术的发展，会计人才培养应以提高系统能力与创新能力为目标，培养学生综合的会计思维与能力、数据思维与能力等，从而帮助其具备决策与创造价值的能力。会计人才能力培养的核心是会计相关课程，而课程的载体是教材，教材成为了人才培养的纽带。因此，编写能够满足社会需求和适应数智时代要求的教材是新时代给我们提出的新命题。一直以来，大多数会计类教材内容完整全面但略为繁杂，对民办高校本科学生来说存在着一些瓶颈性的学习困境。如何使"曼妙而充满魅力"的会计科学知识通过教材让教师简而精地教，让学生轻松愉快地学，同时增进学生对主动深入学习会计知识的浓厚兴趣，逐步引导其具有系统能力与创新能力，这应是当下会计教育实践中所追求的。

　　基于此，广州华商学院会计学院始终关注会计自动化和智能化、信息化和数据化、共享化和标准化的变革趋势与技术发展方向，在不断优化课程设置的基础上，组织编写了《中国特色现代化会计人才培养系列教材》。该系列教材的编写本着以下原则与理念：

　　1. 教材呈现内容更新。在教材内容上与时俱进，反映制度最新的变化以及领域最新的内容，例如反映最新的会计准则及会计法、公司法，适应新的会计准则要求和实际业务需求；反映企业数据资源相

---

　　[1]　郭道扬：《中国会计通史》第一册，中国财政经济出版社 2023 年版，第 3 页。

关会计处理，适应数字经济发展的需要；反映税法的最新变化，提升学生到岗后的宏观环境适应能力等。教材内容多维度呈现了会计专业领域的"现代化"元素。

2. 教材突出秉纲执本。"秉纲而目自张，执本而末自从"，本次教材的编写本着少而精的原则，突出重点，纲举目张。通过压缩教材内容"厚度"或"容量"，为学生留有更多的自主学习时间；通过教材内容的精，围绕能力提升而教，促使学生的提升自主学习能力。另外，本系列教材内容融入了思政元素，培养学生的家国情怀、诚信职业道德与法治意识。

3. 教材内容深入浅出。本系列教材通过知识逻辑结构图、引导案例、延伸阅读等方式体现循序渐进，由浅入深，尽量做到通俗易懂与生动有趣。特别是通过引导案例解读抽象的内容，变得更易掌握内容的逻辑或勾稽关系，更容易正确理解和把握其内容实质。

4. 教材突出基本训练。强化知识的掌握与技能的提升是教材的基本目标，教材不仅是知识传授的载体与纽带，更应该强化基本训练。本系列教材配备了学习指导书或相当数量的习题，训练的题目具有多样性、启发性，有助于学生理解应用基本知识和掌握解决问题的方法，有助于培养学生思维能力与习惯。

5. 教材形式的数字化。本系列教材在传统教材内容的基础上，通过设置二维码资源，添加视频、图片等多媒体元素，学生可通过扫描二维码的方式，链接到相关的视频等资源，增强学习体验，提高学习效果。同时，通过在教材页面设置二维码集聚相关知识内容，学生可扫码进行自主扩充学习。本系列教材中，《财务共享服务》《智能会计信息系统–基于用友 YonBIP 和用友 U8V15.0》两种教材被开创性地打造为数字教材，实现了教材形式以及教与学的创新与突破。

西汉刘安《淮南子·说林训》中所言"授人以鱼不如授人以渔"。教材不仅传授给受教者既有知识，更重要的是传授给受教者方法与能力。本系列教材尽可能地介绍清楚问题和概念的来龙去脉，尽可能地解释清楚解决问题的思路和方法，以提高学生的创新意识与探索精神。

以上是华商学院会计学院编写本套系列教材的理念与原则，本套系列教材的编写也是会计学院各位教师经多年深耕教学教研的结晶或众缘成就。受制于各种因素的影响，编写者可能做得并不是非常到位，存在着些许不足与遗憾，但也为编写者进一步完善教材提供了动力。我们希望使用这套系列教材的师生和读者多提宝贵意见，不断完善本套教材。最后，相信我们的会计教育工作者，无愧于新时代的召唤，会为我国的会计教育做出更大的贡献。

是为总序。

广州华商学院会计学院

2024 年 12 月

前　言

　　税收作为国家财政收入的主要来源，其重要性不言而喻。税法，作为规范税收活动的法律体系，对税收行为起着至关重要的作用。在我国，社会主义税收的原则是"来源于民，用之于民"，它已经深入到我们日常生活的方方面面。随着我国税制改革的不断推进，让学生及时了解税制改革的最新动态，掌握新税制下各税种的计算、缴纳及申报等关键知识，已成为教学中的一个重点。为了帮助读者更好地掌握这些内容，我们在《税法》教材的基础上，精心编写了这本《〈税法〉学习指导》。

　　本书作为《税法》教材的辅助工具，旨在满足高校应用型人才培养的需求，具有以下特色：

　　基础知识与重点内容并重。本书根据《税法》教材的章节结构，设计了十八章的习题，每章包含单项选择题、多项选择题、判断题、简答题、计算题和案例分析等多种题型。这些习题和案例的编写，旨在帮助读者深入理解税法的基本概念，并重点培养其税款计算能力，以便更好地把握核心内容，深化对税法理论和方法的理解。

　　内容覆盖全面，与资格考试同步。税法不仅是会计职称考试的必考科目，也是注册会计师和税务师考试的重要组成部分。本书习题涉及内容广泛，全面覆盖相关知识点，为读者备考提供了坚实的基础。

　　实用性与简洁性并举。习题设计注重税法的实际应用和税款计算，强调实用性；每章习题后均附有参考答案和详细解析，力求使内容通俗易懂，简洁明了，便于读者学习和掌握。

　　紧跟税收法律制度的最新动态。鉴于国家税收法律的频繁变动，本书力求更新，税收政策内容更新至 2024 年 12 月，以确保读者能够接触到最新的政策信息。

专业教育与思政教育相结合。本教材以"社会主义核心价值观"为指导，将党的创新理论融入教学内容，培养学生的爱国情怀、敬业精神和团结协作能力，旨在通过专业知识的学习，培养出具有高尚品德和专业技能的税务人才。

本书由广州华商学院的李志凤老师、刘伟老师主编，焦熙、张嘉明、李秋茹老师、殷苑秋老师担任副主编。在编写过程中，我们广泛参考了众多相关教材的成果，并得到了经济科学出版社领导和编辑们的大力支持，同时广州华商会计学院的领导和老师们也提供了宝贵的建议，我们对此表示衷心的感谢。

鉴于编者水平有限，且税收法规变化迅速，本书内容可能存在不足之处，我们诚挚欢迎读者提出宝贵意见，以便我们能够不断改进和完善。

编者

2024 年 12 月

目　录

第一章　　税法总论 ………………………………………… 1

第二章　　增值税 …………………………………………… 8

第三章　　消费税 …………………………………………… 29

第四章　　企业所得税 ……………………………………… 45

第五章　　个人所得税 ……………………………………… 66

第六章　　城市维护建设税和烟叶税 ……………………… 85

第七章　　关税 ……………………………………………… 93

第八章　　资源税 …………………………………………… 98

第九章　　环境保护税 ……………………………………… 104

第十章　　城镇土地使用税 ………………………………… 108

第十一章　耕地占用税 ……………………………………… 112

第十二章　房产税 …………………………………………… 118

第十三章　契税 ……………………………………………… 125

第十四章　土地增值税 ……………………………………… 131

第十五章　车辆购置税 ……………………………………… 143

第十六章　车船税和船舶吨税 ……………………………… 150

第十七章　印花税 …………………………………………… 158

第十八章　税收征收管理法 ………………………………… 164

第一章
税 法 总 论

一、单项选择题

1. 下列关于税法的原则，表述不正确的是（　　）。
   - A. 税收法定原则是税法基本原则的核心
   - B. 程序优于实体原则属于税法的基本原则
   - C. 税法的原则反映税收活动的根本属性
   - D. 实质课税原则属于基本原则

2. 关于税法要素，下列说法不正确的是（　　）。
   - A. 纳税人是税法规定的直接负有纳税义务的单位和个人，也是实际负担税款的单位和个人
   - B. 征税对象是税法中规定的征纳双方权利义务共同指向的客体或标的物
   - C. 税率是对征税对象的征收比例或征收额度，是衡量税负轻重与否的重要标志
   - D. 税目反映具体的征税范围，是对课税对象质的界定

3. 下列关于税收法律关系的说法错误的是（　　）。
   - A. 税收法律关系是由税收法律关系的主体、客体和内容三方面构成的
   - B. 税收法律关系中履行纳税义务的人包括法人、自然人等，但是不包括在华的外国企业、组织、外籍人
   - C. 税收法律关系的内容是税法的灵魂
   - D. 税收法律关系的产生、变更和消灭是由税收法律事件和税收法律行为来决定的

4. 关于我国现行税法体系，下列说法不正确的是（　　）。
   - A. 我国目前还没有制定统一的税收基本法
   - B. 个人所得税法属于税收程序法
   - C. 商品和劳务税在税法中主要包括增值税、消费税等

D. 企业所得税法属于税收实体法

5. （　　）指应根据客观事实确定是否符合课税要件，并根据纳税人的真实负担能力决定纳税人的税负，而不能仅考虑相关外观和形式。

  A. 税收法律主义原则   B. 税收公平主义原则

  C. 税收效率原则   D. 实质课税原则

6. 下列按照中央与地方各50%分享的税种是（　　）。

  A. 增值税（不含进口增值税）

  B. 企业所得税

  C. 资源税

  D. 城市维护建设税

7. 在税法的构成要素中，（　　）是对课税对象的量的规定。

  A. 纳税义务人   B. 税基

  C. 税率   D. 税目

8. 下列关于税收的说法中，正确的是（　　）。

  A. 税收是国家取得财政收入的一种重要工具，其本质是一种生产关系

  B. 税收分配是基于生产要素进行的分配

  C. 国家课税的目的是满足提供社会公共产品的需要，以及弥补市场失灵、促进公平分配等的需要

  D. 国家要行使职能不需要财政收入作为保障

9. 下列选项中，不属于纳税人的权利的是（　　）。

  A. 有权要求税务机关对企业的情况保密

  B. 依法享有申请减税、免税、退税的权利

  C. 依法享有申请行政复议、提起行政诉讼、请求国家赔偿等权利

  D. 负责税收征收管理工作

10. 税法的基本原则中，要求税法的制定要有利于资源的有效配置和经济体制的有效运行的原则是（　　）。

  A. 税收法定原则   B. 税收公平原则

  C. 税收效率原则   D. 实质课税原则

11. 下列关于税收的表述，错误的是（　　）。

  A. 税收的本质是一种分配关系

  B. 国家征税的依据是财产权利

  C. 国家征税是为了满足社会公共需要

  D. 税收是国家取得财政收入的一种重要工具

12. 下列属于中央政府收入的是（　　）。

  A. 消费税   B. 资源税

  C. 个人所得税   D. 房产税

13. 下列规范性文件中，属于国务院制定的税收行政法规的是（ ）。

  A.《税收征收管理法》

  B.《税收征收管理法实施细则》

  C.《中华人民共和国土地增值税暂行条例》

  D.《中华人民共和国个人所得税法》

14. 下列属于纳税人权利的是（ ）。

  A. 办理税务登记   B. 依法缴纳税款

  C. 申请延期纳税权   D. 进行纳税申报

15. 根据税法规定，下列纳税环节表述正确的是（ ）。

  A. 增值税在生产环节纳税

  B. 企业所得税在生产环节纳税

  C. 消费税在流通环节纳税

  D. 个人所得税在分配环节纳税

16. 下列税法要素中，规定具体征税范围、体现征税广度的是（ ）。

  A. 税率   B. 纳税环节

  C. 税目   D. 纳税对象

17. 下列由全国人大或常委会通过，以国家法律形式发布实施的是（ ）。

  A. 印花税   B. 房产税

  C. 消费税   D. 城镇土地使用税

18. 下列各项税收法律法规中，属于部门规章的是（ ）。

  A.《中华人民共和国个人所得税法》

  B.《中华人民共和国消费税暂行条例》

  C.《中华人民共和国企业所得税法实施条例》

  D.《中华人民共和国增值税暂行条例实施细则》

19. 下列关于中央政府和地方政府共享税收收入的表述中，正确的是（ ）。

  A. 企业所得税 50% 归中央，50% 归地方

  B. 国内增值税 50% 归中央，50% 归地方

  C. 资源税 3% 归中央，97% 归地方

  D. 印花税 3% 归中央，97% 归地方

1-1 第一章单项选择题答案

20. 涉税专业服务机构，为纳税人提供符合法律法规的纳税计划和方案的业务是（ ）。

  A. 税收策划   B. 涉税鉴证

  C. 涉税代理   D. 纳税审查

二、多项选择题

1. 税法的基本原则包括（　　）。
   A. 法律优位原则　　　　　　　B. 税收公平原则
   C. 税收效率原则　　　　　　　D. 实质课税原则

2. 税收立法包括有权机关的（　　）活动。
   A. 制定有关税收的法律、法规、规章
   B. 公布有关税收的法律、法规、规章
   C. 修改有关税收的法律、法规、规章
   D. 废止有关税收的法律、法规、规章

3. 下列税种中，同时适用比例税率和定额税率的有（　　）。
   A. 个人所得税　　　　　　　　B. 印花税
   C. 消费税　　　　　　　　　　D. 房产税

4. 征税对象又称为（　　）。
   A. 课税对象　　　　　　　　　B. 征税客体
   C. 征税主体　　　　　　　　　D. 具体征税项目

5. 下列关于税法与其他法律之间的关系，表述正确的有（　　）。
   A. 税法是国家法律的组成部分，要依据《宪法》的规定来制定
   B. 税法调整方法的主要特点是平等、等价和有偿
   C. 行政法大多为授权性法规，税法则是一种义务性法规
   D. 税法具有行政法的一般特性

6. 下列征收比例形式中，属于比例税率的有（　　）。
   A. 双重比例税率　　　　　　　B. 差别比例税率
   C. 幅度比例税率　　　　　　　D. 单一比例税率

7. 以下选项中，属于税法的适用原则的有（　　）。
   A. 程序优于实体原则　　　　　B. 法律优位原则
   C. 税收效率原则　　　　　　　D. 新法优于旧法原则

8. 下列各项中，属于税法适用原则的有（　　）。
   A. 国内法优于国际法
   B. 在同一层次法律中，特别法优于普通法
   C. 层次高的法律优于层次低的法律
   D. 实体从旧，程序从新

9. 关于税收立法权，下列说法正确的有（　　）。
   A. 税收立法权是指制定、修改、解释或废止税收法律、法规、规章和规范性文件的权力
   B. 我国税收立法权的划分属于可以根据税收执法的级次来划

分的类型

    C. 中央和地方共享税包括增值税、企业所得税

    D. 地区性地方税收的立法权可以层层下放

10. 下列关于税法与其他法律的关系说法正确的有（　　）。

    A. 税法是国家法律的组成部分，是依据《宪法》的规定来制定

    B. 民法调整方法的主要特点是平等、等价和有偿，而税法调整方法要采用命令和服从的方法

    C. 税法与刑法也有着密切的联系，但违反了税法，并不一定就是犯罪

    D. 税法与行政法有十分密切的联系，都属于义务性法规

11. 税收的基本特征包括（　　）。

    A. 固定性　　　B. 强制性　　　C. 机动性　　　D. 无偿性

12. 下列属于税收行政法规的有（　　）。

    A.《土地增值税暂行条例》

    B.《增值税暂行条例实施细则》

    C.《企业所得税法实施条例》

    D.《税收征收管理法实施细则》

13. 下列税种中，属于资源税和环境保护税类的有（　　）。

    A. 城镇土地使用税　　　　　B. 环境保护税

    C. 车船税　　　　　　　　　D. 资源税

14. 税法是国家制定的用以调整国家与纳税人之间在征纳税方面的权利及义务关系的法律规范的总称，它具有（　　）的特点。

    A. 义务性法规　　　　　　　B. 授权性法规

    C. 单一性法规　　　　　　　D. 综合性法规

15. 下列征收比例形式中，属于比例税率的有（　　）。

    A. 双重比例税率　　　　　　B. 差别比例税率

    C. 幅度比例税率　　　　　　D. 单一比例税率

16. 下列关于税收原则的表述中，正确的有（　　）。

    A. 税收法定原则是税法基本原则中的核心

    B. 税收行政法规的效力优于税收行政规章的效力体现了法律优位原则

    C. 税收效率原则要求税法的制定要有利于节约税收征管成本

    D. 制定税法时禁止在没有正当理由的情况下给予特定纳税人特别优惠这一做法体现了税收公平原则

17. 以下关于税法要素的表述正确的有（　　）。

    A. 比例税率计算简单、税负透明度高，符合税收效率原则

    B. 比例税率不能针对不同的收入水平的纳税人实施不同的税收负担，在调节纳税人的收入水平方面难以体现税收的公平原则

    C. 我国税收体系中采用超率累进税率的是土地增值税

    D. 累进税率一般在所得税课税中使用，可以有效地调节纳税人的收入，正确处理税收负担的横向公平问题

18. 下列各项中采用差别比例税率计算税额的有（　　）。

    A. 增值税　　　　　　　　　　B. 土地增值税

    C. 车船税　　　　　　　　　　D. 城市维护建设税

19. 税收立法程序是税收立法活动中必须遵循的法定步骤，目前我国税收立法程序经过的主要阶段有（　　）。

    A. 提议阶段　　　　　　　　　B. 通过阶段

    C. 审议阶段　　　　　　　　　D. 公布阶段

20. 下列各项中，属于中央政府与地方政府的共享收入的有（　　）。

    A. 土地增值税　　　　　　　　B. 资源税

    C. 企业所得税　　　　　　　　D. 个人所得税

1-2　第一章多项选择题答案

三、判断题

1. 税收分配以政治权力为主，财产权力为辅。（　　）

2. 税收的"三性"是不同社会制度下税收的共性，是税收区别于其他财政收入形式的标志。（　　）

3. 累进税率的基本特点是税率等级与征税对象的数额等级同方向变动，所以在等级距临界点附近会出现税负增加超过征税对象数额增加的不合理现象。（　　）

4. 对同一征税对象，不论数额多少，均按同一比例征税的税率称为定额税率。（　　）

5. 税法的调整对象是税收分配关系。（　　）

6. 税目是征税对象在应税内容上的具体化，它体现了征税的深度。（　　）

7. 税率是应纳税额占征税对象数额的比例，也是衡量税负轻重的重要标志。（　　）

8. 税收法律主义的要求是单向的，即要求纳税人必须依法纳税。（　　）

9. 起征点是指达到或超过的就其全部数额征税，达不到的不征税；而免征额是指达到和超过的，可按扣除其该数额后的余额计税。（　　）

10. 区别一种财政收入是税还是非税，不仅要看它的名称，还要

看它是否具有无偿性。　　　　　　　　　　　　　　　（　　）

11. 通过直接减少应纳税额的方式实现的减免税形式叫作税基式减免。　　　　　　　　　　　　　　　　　　　　　（　　）

12. 税收法律关系的主体是指国家各级税务机关、海关和财政机关。　　　　　　　　　　　　　　　　　　　　　　（　　）

13. 直接税是由纳税人直接负担、不易转嫁的税种，如所得税、财产税、消费税等。　　　　　　　　　　　　　　　（　　）

14. 定额税率适用于从价计征的税种。　　　　　　　　（　　）

15. "负担能力相等，税负相同；负担能力不等，税负不同"，这体现了实质课税原则。　　　　　　　　　　　　　　（　　）

1-3　第一章判断题答案

第二章
增　值　税

一、单项选择题

1. 关于单用途商业预付卡增值税的规定，下列说法正确的是（　　）。

    A. 售卡方可以向购卡人开具增值税专用发票

    B. 售卡方在销售单用途卡时，取得预收资金需缴纳增值税

    C. 持卡人使用单用途卡购买货物时，货物的销售方不缴纳增值税

    D. 售卡方因发行单用途卡并办理相关资金收付结算业务时，取得的手续费应按规定缴纳增值税

2. 下列属于混合销售行为的是（　　）。

    A. 纳税人销售自产机器设备的同时提供安装服务

    B. 某广告公司同时为客户提供的设计服务和装饰服务

    C. 某家具城销售家具的同时提供送货上门服务

    D. 某建材市场销售建材给甲客户，为乙客户提供装饰服务

3. 下列适用9%税率的货物是（　　）。

    A. 水果罐头　　　　　　　　B. 玉米蛋白粉

    C. 蜂窝煤　　　　　　　　　D. 肉桂油

4. 下列关于特殊销售方式下销售额的确定方法中，正确的是（　　）。

    A. 销售折扣方式下可以按折扣后的销售额征收增值税

    B. 纳税人采取以旧换新方式销售货物，以实际收到的价款作为销售额计算缴纳增值税

    C. 销售折让可以通过开具红字专用发票从销售额中减除

    D. 还本销售货物的，可以从销售额中减除还本支出

5. 下列哪种行为属于视同销售货物，应计算增值税销项税额（　　）。

A. 某生产企业外购钢材用于扩建厂房

B. 某商店为厂家代销服装

C. 某运输公司外购棉大衣用于职工福利

D. 某歌厅购进一批酒水饮料用于个人消费

6. 不得从销项税额中抵扣的进项税额是（　　）。

A. 增值税一般纳税人购进的未取得专用发票的货物

B. 从海关取得完税凭证上注明的增值税税额

C. 从销售方取得的增值税专用发票上注明的增值税税额

D. 正常损失的在产品所耗用的购进货物

7. 关于纳税人登记的规定，下列说法正确的是（　　）。

A. 年应税销售额在500万元以下的纳税人不能登记为一般纳税人

B. 年应税销售额超过500万元的其他个人可以登记为一般纳税人

C. 年应税销售额是指纳税人在一个会计年度内累计应征增值税销售额

D. 年应税销售额包括免税销售额和税务机关代开发票销售额

8. 根据增值税征税范围的规定，下列说法正确的是（　　）。

A. 航空运输的湿租业务，应该按照"有形动产的租赁服务"缴纳增值税

B. 道路通行费，应该按照"不动产的租赁服务"缴纳增值税

C. 无运输工具承运业务，应该按照"经纪代理服务"缴纳增值税

D. 提供会议场地及配套设施，应该按照"不动产的租赁服务"缴纳增值税

9. 根据增值税征税范围的规定，下列说法正确的是（　　）。

A. 纳税人销售的外卖食品，按照"销售货物"缴纳增值税

B. 融资性售后回租，按照"租赁服务"缴纳增值税

C. 拍卖行受托拍卖取得的手续费或佣金收入，按照"其他现代服务"缴纳增值税

D. 固定电话和宽带的初装费按照"建筑服务——安装服务"缴纳增值税

10. 下列业务属于在我国境内发生增值税应税行为的是（　　）。

A. 俄罗斯会展单位在我国境内为境内某单位提供会议展览服务

B. 境外企业在巴基斯坦为我国境内单位提供工程勘查勘探服务

C. 我国境内单位转让在德国境内的不动产

D. 新西兰汽车租赁公司向我国境内企业出租汽车，供其在新西兰考察中使用

11. 企业取得的下列收入，不征收增值税的是（   ）。
   A. 存款利息
   B. 房屋租赁费
   C. 供电企业收取的并网费
   D. 电力公司向发电企业收取的过网费

12. 下列业务不属于增值税视同销售的是（   ）。
   A. 单位以自建的房产抵偿建筑材料款
   B. 单位无偿为关联企业提供建筑服务
   C. 单位无偿为公益事业提供建筑服务
   D. 单位无偿向其他企业提供建筑服务

13. 以下不免征增值税的项目是（   ）。
   A. 用于集体福利的购进货物
   B. 向社会收购的古书
   C. 避孕药品和用具
   D. 国际组织无偿援助的进口物资

14. 关于增值税起征点的规定，下列说法正确的是（   ）。
   A. 仅对销售额中超过起征点的部分征税
   B. 对自然人销售额未达到规定起征点的，免征增值税
   C. 起征点的调整由各省、自治区、直辖市税务局规定
   D. 起征点的适用范围包括自然人和认定为一般纳税人的个体工商户

15. 某工业企业为增值税一般纳税人，2024年6月销售货物，开具的增值税专用发票上注明金额300万元，在同一张发票的"金额栏"注明的折扣金额共计50万元，为鼓励买方及早付款，实行现金折扣：2/30，1/45，N/90，买方第45天付款。该企业上述业务增值税销项税额为（   ）万元。
   A. 32.18   B. 32.50   C. 38.61   D. 39.00

16. 某金银饰品店为增值税一般纳税人，2024年4月销售金银首饰取得不含税销售额50万元。另取得以旧换新销售金银首饰，按新货物销售价格确定的含税收入25.2万元，收回旧金银首饰作价11.7万元（含税）。当期可抵扣进项税额为5.16万元。该金银饰品店当月应纳增值税（   ）万元。
   A. 4.23   B. 3.10   C. 3.49   D. 2.89

17. 某家用电器生产厂（增值税一般纳税人）以"买二赠一"的方式销售货物。2024年10月销售高清液晶电视机50台，售价总额（含税）232 000元，同时赠送电磁炉25台，每台市场价格（含税）为

1 160 元。该生产厂家此项业务应申报的销项税额是（ ）元。

    A. 38 972. 5　　　　　　　B. 34 000

    C. 30 026. 54　　　　　　　D. 69 030

18. 某市提供劳务派遣服务的 A 公司为小规模纳税人，以 1 个月为一个纳税期。2024 年 2 月提供劳务派遣服务，取得含税收入 40 万元，公司代用工单位支付给劳务派遣员工工资、社会保险及福利共计 20 万元，已知公司选择差额纳税，则当月 A 公司应纳的增值税为（ ）万元。

    A. 1. 2　　　B. 0. 95　　　C. 2　　　D. 1

19. 某酒厂为增值税一般纳税人，于 2024 年 10 月向一小规模纳税人销售了白酒，开具的普通发票上注明金额 93 600 元；同时收取单独核算的包装物押金 2 000 元（尚未逾期），此业务酒厂应计算的销项税额为（ ）元。

    A. 13 890. 60　　　　　　　B. 10 998. 23

    C. 12 910. 34　　　　　　　D. 13 600

20. 某建筑生产企业为增值税一般纳税人，于 2024 年 6 月销售了一批自产钢材，根据合同规定，该企业负责某工地的建筑工程。钢材不含税价款 200 万元，加工费不含税价款 30 万元，另收取建筑服务费 4 万元（含税），该企业选择适用一般计税方法，则该企业当月销项税额为（ ）万元。

    A. 21. 03　　　B. 30. 42　　　C. 30. 36　　　D. 30. 23

21. 某企业为增值税一般纳税人，于 2024 年 5 月买入 A 上市公司股票，买入价 280 万元，支付手续费 0. 084 万元。当月卖出其中的 50%，发生买卖负差 10 万元。2024 年 6 月，卖出剩余的 50%，卖出价 200 万元，支付手续费 0. 06 万元，印花税 0. 2 万元。该企业 2024 年 6 月应缴纳增值税（ ）万元（以上价格均为含税价格）。

    A. 3. 00　　　B. 3. 38　　　C. 2. 81　　　D. 2. 83

22. 某货物运输企业为增值税一般纳税人，于 2024 年 4 月提供货物运输服务，取得了不含税收入 480 000 元；出租闲置车辆，取得了含税收入 67 800 元；提供车辆停放服务，取得了含税收入 32 700 元。以上业务均采用一般计税方法。该企业当月销项税额是（ ）元。

    A. 52 245　　　　　　　B. 74 100

    C. 53 700　　　　　　　D. 66 783. 19

23. 某商场为增值税一般纳税人。2024 年 3 月举办促销活动，全部商品八折销售。实际取得含税收入 380 000 元，销售额和折扣额均在同一张发票上分别注明。上月销售商品本月发生退货，向消费者退款 680 元（开具了红字增值税发票），该商场当月销项税额是（ ）元。

A. 43 638.58   B. 437 079.74

C. 43 716.81   D. 61 750.00

24. 某企业为增值税一般纳税人，于 2024 年 4 月提供汽车租赁服务，开具增值税专用发票，注明金额 50 万元；提供汽车车身广告位出租服务，开具增值税专用发票，注明金额 60 万元；出租上月购置房屋，开具增值税专用发票，注明金额 100 万元。该企业当月上述业务增值税销项税额为（   ）万元。

A. 15.60   B. 18.90   C. 23.30   D. 25.60

25. 应税药品（适用税率13%）取得不含税收入100万元，销售免税药品取得收入 50 万元，当月购入原材料一批，取得增值税专用发票，注明税款 6.8 万元；应税药品与免税药品无法划分耗料情况。该制药厂当月应缴纳增值税（   ）万元。

A. 6.20   B. 8.47   C. 10.73   D. 13.00

26. 某生产企业为增值税一般纳税人，于 2024 年 7 月从农户手中购进农产品，开具农产品收购发票，注明金额为 40 万元，用来生产9% 税率的货物；从小规模纳税人购入农产品，取得增值税专用发票，注明金额为 10 万元，税额为 0.3 万元，用来生产13% 税率的货物，假设该生产企业未纳入农产品核定扣除范围。该企业当月可抵扣的进项税额为（   ）万元。

A. 4.50   B. 4.60   C. 4.63   D. 5.00

27. 某企业为增值税一般纳税人，于 2024 年 7 月本单位员工出差，取得航空电子客票行程单上注明机票款 2 000 元，燃油附加费 300 元，取得高铁火车票上注明票面金额 500 元，取得公路客票上注明票面金额 80 元，该企业上述业务允许抵扣的进项税额为（   ）元。

A. 208.75   B. 213.03   C. 233.52   D. 237.80

28. 某企业为增值税小规模纳税人，于 2024 年 1 月出售作为固定资产使用过的卡车和电脑，分别取得含税收入 30 000 元和 15 000 元，开具增值税普通发票，销售边角料取得含税收入 20 000 元，针对上述业务该企业当月应缴纳增值税（   ）元。

A. 1 262.14   B. 1 456.31

C. 1 601.94   D. 1 893.20

29. 某酒店为增值税一般纳税人。适用增值税进项税额加计抵减政策。2024 年 11 月一般计税项目的销项税额为 200 万元。当期可抵扣进项税额为 150 万元。上期留抵税额为 10 万元。则当期可计提加计抵减额为（   ）万元。

A. 15.00   B. 22.50   C. 24.00   D. 16.00

30. 某商业企业为增值税一般纳税人，于 2024 年 10 月购进高档化妆品一批，取得增值税专用发票注明价款 30 000 元，增值税 3 900

元。该企业将其中的70%作为礼品赠送给关系单位，其余的30%用于职工福利。该企业没有同类产品售价，对上述业务的税务处理，表述错误的是（   ）。

    A. 购进高档化妆品可以抵扣的进项税额为3 900元

    B. 作为礼品赠送的70%，属于增值税视同销售，销项税额为2 730元

    C. 用于职工福利的30%，不属于视同销售，不可以抵扣进项税

    D. 购进高档化妆品不可以抵扣的进项税为1 170元

31. 下列经营活动中，应按照其他现代服务计征增值税的是（   ）。

    A. 为安装运行后机器设备提供维修保养服务

    B. 武装守护押运服务

    C. 安全保护服务

    D. 车辆停放服务

32. 下列应税服务中，应按照现代服务计征增值税的是（   ）。

    A. 信息技术服务   B. 文化体育服务

    C. 财产保险服务   D. 植物养护服务

33. 出租车公司向使用本公司自有出租车的司机收取管理费用，应缴纳增值税，该业务属于增值税征税范围中的（   ）。

    A. 物流辅助服务   B. 交通运输服务

    C. 居民日常服务   D. 商务辅助服务

34. 下列增值税应税服务项目中，应按照"租赁服务"计征增值税的是（   ）。

    A. 飞机干租   B. 宾馆的住宿服务

    C. 船舶期租   D. 融资性售后回租

35. 企业发生的下列行为中，需要缴纳增值税的是（   ）。

    A. 获得保险赔偿

    B. 取得存款利息

    C. 收取包装物租金

    D. 取得中央财政补贴（与销售无关）

36. 下列业务不属于增值税视同销售的是（   ）。

    A. 单位无偿向其他企业提供建筑服务

    B. 单位无偿为公益事业提供建筑服务

    C. 单位无偿为关联企业提供建筑服务

    D. 单位无偿向另一企业提供软件维护服务

37. 下列经营行为中，属于增值税混合销售行为的是（   ）。

    A. 商场销售相机及储存卡

B. 商场销售办公设备并提供送货服务

C. 疗养中心提供住宿并举办健康讲座

D. 健身房提供健身场所并销售减肥药

38. 增值税一般纳税人发生的下列应税行为中，适用6%税率计征增值税的是（　　）。

A. 提供建筑施工服务

B. 通过省级土地行政主管部门设立的交易平台转让补充耕地指标

C. 出租2020年新购入的房产

D. 销售非现场制作食品

39. 某企业（一般纳税人）处置一台使用过的机器设备，开具增值税专用发票，收取含税价款100.5万元，该设备取得时增值税不允许抵扣，且尚未抵扣，处置时应缴纳的增值税是（　　）万元。

A. 0.5　　　　B. 0.49　　　　C. 2.93　　　　D. 1.95

40. 某二手车经销公司于2024年4月销售了40辆其收购的二手车，取得了120.6万元的含税销售额。该公司当月销售二手车应缴纳增值税（　　）万元。

A. 2.34　　　　B. 3.51　　　　C. 0.60　　　　D. 0.59

41. 某船运公司为增值税一般纳税人，8月购进船舶配件取得的增值税专用发票上注明价款360万元、税额46.8万元；开具普通发票取得的含税收入包括国内运输收入1 276万元、期租业务收入253万元、打捞收入116.6万元。该公司8月应缴纳的增值税为（　　）万元。

A. 46.35　　　　B. 55.1　　　　C. 86.05　　　　D. 103.25

42. 下列行为在计算增值税销项税额时，应按照差额确定销售额的是（　　）。

A. 商业银行提供贷款服务

B. 转让金融商品

C. 直销员将从直销企业购买的货物销售给消费者

D. 企业逾期未收回的包装物不再退还押金

2-1　第二章单项选择题答案

二、多项选择题

1. 下列选项中，适用零税率的有（　　）。

A. 在境内载运旅客出境

B. 在境外载运旅客入境

C. 境内单位向境外单位提供的完全在境外消费的设计服务

D. 航天运输服务

2. 下列行为中，不征收增值税的有（　　）。

A. 纳税人对安装运行后的电梯提供的维护保养服务

B. 被保险人获得的保险赔付

C. 拍卖行受托拍卖取得的手续费或佣金收入

D. 单用途卡发卡企业销售单用途卡

3. 下列各选项中属于进项税额可以从销项税额中抵扣的业务有（　　）。

A. 提供保险服务的纳税人以实物赔付方式承担机动车辆保险责任的，自行向车辆修理劳务提供方购进的车辆修理劳务

B. 提供保险服务的纳税人以现金赔付方式承担机动车辆保险责任的，将应付给被保险人的赔偿金直接支付给车辆修理劳务提供方

C. 购进旅客运输服务

D. 购置水泥用于办公楼的在建工程

4. 下列各项中，属于增值税混合销售行为的有（　　）。

A. 建材商店在销售建材的同时又为其他客户提供装饰服务

B. 汽车制造公司在生产销售汽车的同时又为其他客户提供修理服务

C. 塑钢门窗销售商店在销售产品的同时又为客户提供安装服务

D. 销售软件并提供现场培训

5. 下列选项中，属于混合销售行为特征的有（　　）。

A. 既涉及货物又涉及服务

B. 发生在同一项销售行为中

C. 从一个购买方取得货款

D. 从不同购买方收取货款

6. 根据现行增值税的规定，下列选项中，不属于增值税混合销售的有（　　）。

A. 网校销售辅导书籍，也销售网校老师的税收实务课程

B. 商场销售商品并负责运输送货

C. 饭馆在提供餐饮服务的同时向其他顾客销售烟酒

D. 纳税人销售钢结构件等自产货物的同时提供建筑服务

7. 依据出口退（免）税政策，一般情况下，应按照"免、抵、退"税方法计算退税的有（　　）。

A. 生产企业自营出口货物

B. 生产企业委托出口货物

C. 生产企业出口视同自产货物

D. 外贸企业出口收购货物

8. 下列选项中，可以成为一般纳税人的有（　　）。

    A. 个体工商户以外的其他个人

    B. 非企业性单位

    C. 不经常发生增值税应税行为的企业

    D. 个体工商户

9. 下列关于增值税一般纳税人认定的年应税销售额的表述，正确的有（　　）。

    A. 纳税人出租不动产的销售额，不计入年应税销售额

    B. 纳税人偶然发生的销售无形资产、转让不动产的销售额，不计入销售服务、无形资产或者不动产年应税销售额

    C. 纳税人销售不动产按照税法规定有扣除项目的，年销售额按扣除允许扣除项目之后的差额计算

    D. 年应税销售额是指纳税人在连续不超过 12 个月或四个季度的经营期内累计应征增值税的销售额

    E. 年应税销售额包括纳税申报销售额、稽查查补销售额、纳税评估调整销售额

10. 根据增值税法的规定，我国增值税征税范围包括（　　）。

    A. 销售货物　　　　　　　　B. 销售服务

    C. 销售无形资产　　　　　　D. 销售不动产

11. 下列各项中属于《增值税暂行条例》规定的免税项目有（　　）。

    A. 外国政府无偿援助的进口物资和设备

    B. 销售向社会收购的旧书

    C. 零售、批发蔬菜

    D. 其他个人销售自己使用过的物品

12. 下列属于增值税征税范围的有（　　）。

    A. 单位聘用的员工为本单位提供的运输服务

    B. 航空运输企业提供的湿租业务

    C. 广告公司提供的广告代理业务

    D. 房地产评估咨询公司提供的房地产评估业务

    E. 出租车公司向使用本公司自有出租车的出租车司机收取的管理费用

13. 下列行为中，不征收增值税的有（　　）。

    A. 单位员工将自有房屋出租给本单位收取房租

    B. 单位或者个体工商户为员工提供应税服务

    C. 各级工会组织收取工会经费

    D. 人民法院收取诉讼费用

    E. 各党派收取党费

14. 下列经营行为中，属于增值税混合销售行为的有（　　）。
　　A. 厂家销售车床并提供配套使用培训服务
　　B. 商场销售相机及储存卡
　　C. 商场销售办公设备同时提供送货服务
　　D. 康养中心提供住宿并举办健康讲座
　　E. 健身房提供运动健身场所同时代售减肥药

15. 根据增值税法规定，下列行为属于增值税视同销售行为的有（　　）。
　　A. 同一县市的两个企业之间的货物移送行为
　　B. 将货物交付其他单位或者个人代销
　　C. 将自产货物用于集体福利或者个人消费
　　D. 将外购的货物用于职工福利

16. 下列项目中准予从销项税额中抵扣的进项税额包括（　　）。
　　A. 购进的旅客运输服务、贷款服务、餐饮服务、居民日常服务
　　B. 从海关取得的海关进口增值税专用发票上注明的增值税额
　　C. 农产品销售发票上注明的税额
　　D. 将外购的货物用于集体福利或个人消费

17. 《中华人民共和国增值税暂行条例实施细则》规定，按销售结算方式的不同，应税销售行为的纳税义务发生时间分别为（　　）。
　　A. 采取直接收款方式销售货物，不论货物是否发出，均为收到销售款或者取得索取销售凭据的当天
　　B. 采取赊销和分期收款方式销售货物，为收到货款的当天
　　C. 采取托收承付和委托银行收款方式销售货物的，为发出货物并办妥托收手续的当天
　　D. 采取预收款方式销售货物的，为货物发出的当天

18. 企业提供的下列服务，应征收增值税的有（　　）。
　　A. 快递公司的快递服务
　　B. 纳税人取得的财政补贴收入，与其销售货物、劳务、服务、无形资产、不动产的收入或者数量直接挂钩的
　　C. 单用途卡发卡企业或者售卡企业销售单用途卡
　　D. 不动产的租赁服务

19. 增值税一般纳税人发生的下列业务中，可以选择适用简易计税方法的有（　　）。
　　A. 从事再生资源回收的纳税人销售其收购的再生资源
　　B. 提供文化体育服务
　　C. 提供公共交通运输服务

D. 提供税务咨询服务

E. 提供电梯维护保养服务

20. 下列购进的货物或服务中，不得抵扣进项税额的有（　　）。

A. 一般纳税人购进公务用豪华小轿车一台，取得机动车销售统一发票

B. 一般纳税人租入一栋建筑物经改造后专门用于职工食堂，取得了出租方开具的增值税专用发票

C. 小规模纳税人委托会计师事务所提供审计服务，取得了增值税普通发票

D. 一般纳税人购入的危险化学品，取得增值税专用发票，因存放不当违反相关法律法规，被安全生产部门罚款并依法没收

E. 一般纳税人从零售环节购进蔬菜，取得的增值税普通发票

21. 下列各项中符合增值税加计抵减政策规定的有（　　）。

A. 2019 年 10 月 1 日至 2021 年 12 月 31 日，允许生活性服务业纳税人按照当期可抵扣进项税额加计 15%，抵减应纳税额

B. 生产、生活性服务业纳税人，是指提供邮政服务、电信服务、现代服务、生活服务取得的销售额占全部销售额的比重超过 30% 的纳税人

C. 纳税人可计提但未计提的加计抵减额，可在确定适用加计抵减政策当期一并计提

D. 纳税人确定适用加计抵减政策后，当年内不再调整，以后年度是否适用，根据上年度销售额计算确定

22. 增值税一般纳税人销售自产的下列货物中，可以选择按照简易办法计算缴纳增值税的有（　　）。

A. 生产建筑材料所用的砂土

B. 以水泥为原材料生产的水泥混凝土

C. 用微生物制成的生物制品

D. 县级以下小型火力发电单位生产的电力

23. 下列各项中，一般纳税人可以选择适用简易计税方法的有（　　）。

A. 为甲供工程提供的建筑服务

B. 提供非学历教育服务

C. 饮水工程运营管理单位向农村居民提供生活用水取得的自来水销售收入

D. 提供劳务派遣服务

24. 下列关于增量留抵退税的规定，说法正确的有（   ）。

    A. 纳税人出口货物劳务、发生跨境应税行为，适用免抵退税办法的，可以在同一申报期内，既申报免抵退税又申请办理留抵退税

    B. 纳税人既有增值税欠税，又有期末留抵税额的，不允许退还增量留抵退税额

    C. 纳税人按照规定取得增值税留抵退税款的，不得再申请享受增值税即征即退、先征后返（退）政策

    D. 纳税人应当在符合条件的当月起，申请办理增量留抵退税

    E. 纳税人从事大型民用客机发动机研制项目而形成的增值税期末留抵税额可全部退还

25. 关于增值税一般纳税人购进和租用下列资产进项税额抵扣，下列说法正确的有（   ）。

    A. 购进固定资产，既用于一般计税方法计税项目，又用于免征增值税项目的，进项税额可以全额从销项税额中抵扣

    B. 购进固定资产，既用于一般计税方法计税项目，又用于免征增值税项目的，进项税额不得从销项税额中抵扣

    C. 购进固定资产，专用于简易计税方法计税项目的，进项税额不得从销项税额中抵扣

    D. 租入固定资产，既用于一般计税方法计税项目，又用于免征增值税项目的，其进项税额准予从销项税额中全额抵扣

    E. 购进不动产，既用于一般计税方法计税项目，又用于免征增值税项目的，进项税额不得从销项税额中抵扣

26. 金融企业提供金融服务取得的下列收入中，按"贷款服务"缴纳增值税的有（   ）。

    A. 以货币资金投资收取的保底利润

    B. 融资性售后回租业务取得的利息收入

    C. 买入返售金融商品利息收入

    D. 金融商品持有期间取得的非保本收益

27. 下列行为中，属于增值税征收范围的有（   ）。

    A. 珠宝公司购入执法部门拍卖的罚没珠宝再销售

    B. 铁路运输公司根据国家指令无偿提供铁路运输服务

    C. 化妆品销售公司销售其代销的某品牌化妆品

    D. 房地产开发公司将自建商品房奖励给优秀营销员工

28. 下列行为中，视同销售货物缴纳增值税的有（   ）。

    A. 将购进的货物用于集体福利

B. 将购进的货物用于个人消费

C. 食品厂将委托加工收回的食品无偿赠送给关联方

D. 将购进的货物用于对外投资

29. 一般纳税人对下列增值税应纳税行为计算销项税额时，按照差额确定销售额的有（　　）。

A. 建筑业的分包业务　　　　B. 提供客运场站服务

C. 融资性售后回租服务　　　D. 经纪代理服务

30. 下列应税货物或应税服务中，纳税人可以选择适用增值税简易计税方法计税的有（　　）。

A. 非企业性单位中的一般纳税人提供的研发和技术服务

B. 自来水公司销售自来水

C. 商业银行提供贷款服务

D. 为甲供工程提供的建筑服务

2-2　第二章多项选择题答案

三、判断题

1. "生产型增值税"与"消费型增值税"的区别在于是否允许企业将购入固定资产所含增值税税额进行抵扣。（　　）

2. 纳税人出口货物，税率为零，因此增值税一般纳税人的税率有两档，即基本税率和零税率。（　　）

3. 年不含税销售额在 500 万元以下，从事货物生产的纳税人，只能被认定为小规模纳税人。（　　）

4. 在我国境内销售货物或者提供加工、修理修配劳务以及进口货物的单位和个人，都是增值税的纳税义务人。（　　）

5. 增值税小规模纳税人实行简易方法征收增值税，即使取得增值税专用发票，也不能作进项税额抵扣，特殊规定除外。（　　）

6. 个体工商户不得办理增值税一般纳税人资格认定。（　　）

7. 商业企业的增值税小规模纳税人如果其财务核算健全，仍然有被认定为增值税一般纳税人的可能。（　　）

8. 增值税一般纳税人购进免税农产品，全部按照买价的 9% 计算进项税额；并准予抵扣。（　　）

9. 增值税小规模纳税人一律按照销售额 3% 的征收率计算应纳税款，不得抵扣进项税额。（　　）

10. 增值税一般纳税人和增值税小规模纳税人的计税依据相同，都是不含税的销售额。（　　）

11. 增值税的计税依据是不含增值税的价格，它的最终承担者是经营者。（　　）

12. 进口货物按照组成计税价格和规定的率计算，不得抵扣任何税额。（　　）

13. 纳税人代收的运费，应视为价外收费征收增值税。（　　）

14. 商业企业采取分期付款方式购进货物的，凡是发生销售方先全额开具专用发票，购货方再按规定分期付款情况的，应在每次支付款项以后申报抵扣进项税额。（　　）

15. 纳税人采取折扣方式销售货物，但销售额和折扣额不在同一张发票上分别注明，则可以按照折扣后的销售额征收增值税。

（　　）

2-3　第二章判断题答案

四、计算问答题

1. 位于县城的某文化创意企业为增值税一般纳税人，2024 年 8 月经营业务如下：

a. 向境内客户提供广告服务，不含增值税总价款为 200 万元，采取分期收款结算方式，按照书面合同约定，当月客户应支付 50% 的价款，款项未收到。

b. 为境内客户提供创意策划服务，采取直接收款结算方式，开具的增值税专用发票上注明价款为 3 000 万元。

c. 购买办公楼一栋，取得增值税专用发票注明金额 1 000 万元，该办公楼为企业管理部门使用。

d. 购买计算机一批，取得增值税专用发票注明金额 100 万元，税额 13 万元，其中的 50% 奖励给员工，剩余的用于企业经营使用。

上述业务所涉及的进项税相关票据均已申报抵扣。要求：根据上资料，按下列顺序计算回答问题，如有计算需计算出合计数。

问题（1）：计算业务 a 的销项税额。

问题（2）：计算业务 b 的销项税额。

问题（3）：计算业务 c 该企业当期允许抵扣的进项税额。

问题（4）：计算业务 d 该企业当期允许抵扣的进项税额。

问题（5）：计算该企业当期应向主管税务机关缴纳的增值税。

问题（6）：计算该企业当期应向主管税务机关缴纳的城市维护建设税、教育费附加和地方教育附加的合计数。

2. 位于某县城的食品厂为增值税一般纳税人，2024 年 12 月经营业务如下：

a. 当月采取委托收款方式销售自产薯片一批，合同约定不含税价格 2 000 万元，该企业于 2024 年 12 月发货 80% 并办妥托收手续。

b. 受托为某餐饮集团加工餐饮半成品，主要原材料价值由餐饮集团提供，食品厂收取不含税加工费 100 万元，并已开具增值税专用发票。

c. 为某企业提供咨询服务，获得含税收入 0.5 万元。

d. 购买运输公司的运输服务，取得增值税专票，注明运输费用为 10 万元。

e. 当月自小规模纳税人处购得土豆，取得增值税专用发票，注明金额为 50 万元、税额 15 000 元。当月该食品厂将该批土豆加工为袋装薯条零食并已全部销售。

f. 购进一批办公用品，取得增值税专用发票注明税额为 10 万元，将其中 90% 奖励给员工。

要求：

根据上述资料，按照下列顺序计算回答问题，如有计算需计算出合计数。

问题（1）：计算业务 a 的销项税额。

问题（2）：计算业务 b 的销项税额。

问题（3）：计算业务 c 的销项税额。

问题（4）：计算业务 d 允许抵扣的进项税额。

问题（5）：计算业务 e 允许抵扣的进项税额。

问题（6）：计算业务 f 允许抵扣的进项税额。

问题（7）：计算当月应缴纳的增值税。

问题（8）：计算当期在机构所在地应缴纳的城市维护建设税、教育费附加与地方教育附加。

3. 某生产企业为增值税一般纳税人，适用 13% 的增值税税率。2024 年 11 月，该企业的有关生产经营业务如下：

a. 销售甲产品给某大商场开具的增值税专用发票，不含税销售额 100 万元，同时取得销售甲产品的送货运输费收入 5.65 万元，含增值税价格与销售货物不能分别核算。

b. 销售乙产品开具增值税普通发票，取得含税销售额 33.9 万元。另外，向购买方收取运费 1 万元，由 A 运输公司承运，A 运输公司将运费发票开具给购买方，生产企业转交。

c. 购进货物取得增值税专用发票上面注明的货款金额 50 万元，另外支付购货运输费用，取得运输公司开具的增值税专用发票注明金额 5 万元。

d. 10 月买进的货物被盗，该批货物购进时的不含税价为 7 万元，运输费为 1 万元。

e. 该企业将两个月前购入的一批材料捐赠给受灾地区，账面成本为 2 万元，同类不含税售价为 3 万元。

f. 向农业生产者购进免税农产品一批（未进行加工，不适用进项税额核定扣除办法），支付收购价 20 万元，支付给运输单位的运费 3 万元（不含税价），均取得符合税法规定的进项税抵扣凭证。本月下旬将购进的农产品的 20% 用于本企业职工福利。

要求：根据上述资料，按照下列序号计算回答问题。

问题（1）：计算业务 a 中涉及的增值税税额。

问题（2）：计算业务 b 中涉及的增值税税额。

问题（3）：计算业务 c 中涉及的增值税税额。

问题（4）：计算业务 d 中涉及的增值税税额。

问题（5）：计算业务 e 中涉及的增值税税额。

问题（6）：计算业务 f 中涉及的增值税税额。

问题（7）：计算该月应缴的增值税。

4. 某食品生产企业为增值税一般纳税人，其生产的货物适用13%增值税税率，2024 年 10 月该企业的有关生产经营业务如下：

a. 销售甲产品给某大商场，开具了增值税专用发票，取得不含税销售额 80 万元；同时取得销售甲产品的送货运输费收入 5.65 万元（含增值税价格，与销售货物不能分别核算）。

b. 销售乙产品，开具了增值税普通发票，取得含税销售额 33.9万元。

c. 将自产的一批应税新产品用于本企业集体福利项目，成本价为 20 万元，该新产品无同类产品市场销售价格，国家税务总局确定该产品的成本利润率为 10%。

d. 销售 2016 年 10 月购进作为固定资产使用过的进口摩托车5 辆，开具增值税专用发票，上面注明每辆取得销售额 1 万元。

e. 购进货物取得增值税专用发票，上面注明的货款金额 60 万元、税额 7.8 万元；另外支付购货的运输费用 6 万元，取得运输公司开具的增值税专用发票，上面注明的税额 0.54 万元。

f. 从农产品经营者（小规模纳税人）购进农产品一批（不适用进项税额核定扣除办法）作为生产货物的原材料，取得的增值税专用发票上注明的金额为 30 万元，税额为 0.3 万元，同时支付给运输单位的运费 5 万元（不含增值税），取得运输公司开具的增值税专用发票，上面注明的税额是 0.45 万元。本月下旬将购进的农产品的20% 用于本企业职工福利，小规模纳税人的征收率为 1%。

g. 当月租入商用楼房一层，为工会活动使用，取得对方开具的增值税专用发票上注明的税额为 5.8 万元。

以上相关票据均符合税法的规定。请按下列顺序计算该企业10 月应缴纳的增值税税额。

问题（1）：计算销售甲产品的销项税额。

问题（2）：计算销售乙产品的销项税额。

问题（3）：计算自产自用新产品的销项税额。

问题（4）：计算销售使用过的摩托车应纳税额。

问题（5）：计算当月允许抵扣进项税额的合计数。

问题（6）：计算该企业 10 月合计应缴纳的增值税税额。

5. 某商业企业是增值税一般纳税人，2024 年 2 月增值税留抵税额 3 000 元，3 月发生下列业务：

a. 购入壁纸一批，取得增值税专用发票，价款 200 000 元、增值税 26 000 元。这批壁纸 50% 用于装饰职工食堂，50% 用于零售，取得含税收入 150 000 元。

b. 购入书包 10 000 个，取得的增值税专用发票上注明价款 90 000 元、增值税 11 700 元。将其中 500 个赠送某共建小学，其余以每个 20 元的零售价格全部零售。

c. 将本企业电梯广告位出租给某广告公司发布广告，收取含税广告位占用费 40 000 元，该建筑取得于"营改增"之前，该商业企业对此项业务选择简易计税方法计税。

d. 为 B 食品厂（增值税一般纳税人）代销橄榄油，取得零售收入 77 390 元。和 B 食品厂结账，支付 B 食品厂 44 690 元（含税），取得增值税专用发票。另向 B 食品厂收取结账额 5% 的返还收入。

e. 将企业使用过的包装物卖给废品回收公司，取得了 4 520 元的含税收入（其他相关资料：上述相关增值税专用发票均合规且在本月抵扣）。

要求：根据上述资料，回答下列问题。

问题（1）：计算业务 a 和业务 b 可抵扣的进项税额合计。

问题（2）：计算业务 a 和业务 b 可抵扣的增值税销项税额合计。

问题（3）：计算该企业当期应抵扣的进项税额合计。

问题（4）：计算该企业当期的增值税销项税额合计。

问题（5）：计算该企业当期应纳的增值税。

6. 某金融机构为增值税一般纳税人，按季申报缴纳增值税。2024 年第二季度经营业务如下：

a. 向企业发放贷款取得利息收入 8 000 万元，利息支出 1 600 万元。

b. 转让债券，卖出价 2 200 万元，该债券于 2017 年 6 月买入，买入价 1 400 万元；该金融机构 2024 年第一季度转让债券亏损 80 万元。预计 2024 年底转让债券仍有负差 100 万元。

c. 为企业客户提供金融服务取得了 53 万元的手续费收入；同时代理发行国债也取得了 67 万元的手续费收入。

d. 承租居民贾某门市房作为营业网点，租赁期限为 3 年，合同规定按季度支付租金。支付本季度租金价税合计 4.2 万元，取得税务机关代开的增值税专用发票；购进自动存取款设备，取得增值税专用发票，注明金额 100 万元、税额 13 万元，该设备已按固定资产入账。以上收入均为含税收入。本季度取得的相关票据均按照规定申报抵扣进项税额。

根据上述资料，回答下列问题。

问题（1）：业务 a 销项税额为多少万元？

问题（2）：业务 b 销项税额为多少万元？

问题（3）：业务 c 销项税额为多少万元？

问题（4）：该金融机构本季度应缴纳增值税多少万元？

2-4　第二章计
算问答题答案

五、案例分析题

案例一

【背景资料】

4 月底前实现"反向开票" 再生资源
回收企业"源头票"寻求最优解

2024 年 4 月 9 日，国家税务总局召开推动大规模设备更新和消费品以旧换新相关行业协会及企业座谈会，明确 4 月底前实现资源回收企业"反向开票"，并通过实施"反向开票"进一步畅通增值税抵扣链条，赋予资源回收企业规范合法的企业所得税税前扣除凭证，同时让持续开展出售报废产品业务的自然人也能按现行税法规定享受增值税免征或减征政策。

"源头发票"缺失不利于再生资源行业持续健康发展

再生资源回收是资源综合利用的重要一环，在加快发展方式绿色转型背景下，我国再生资源行业制度体系建设不断完善，但"源头票"缺失问题一直掣肘再生资源行业发展。

……

在再生资源（如废铜、废铁等）采购环节，产废企业或个人销售货物时，大多不开具增值税发票，进而导致后续回收企业向用废企业销售其收购的再生资源时增值税抵扣链条断裂，且企业所得税无发票凭证进行成本扣除，无形中增加企业经营成本。

2021 年，财政部、国家税务总局发布《关于完善资源综合利用增值税政策的公告》，明确从事再生资源回收的增值税一般纳税人销售其收购的再生资源，可以选择适用简易计税方法依照 3% 征收率计算缴纳增值税，缓解了回收企业增值税税负过重的问题，但对于企业所得税税前扣除凭证问题并未明确。

在废旧物资采购环节，大部分废旧物资掌握在散户手中，再生资源回收企业向散户采购废旧物资时通常无法取得发票，在开票链条断裂的情况下，回收企业向用废企业销售归集的废旧物资只能全额纳税。基于此行业困境，自 1994 年至 2008 年，再生资源回收经营企业在不同阶段享受先征后返、免税等增值税优惠政策，但"源头发票"缺失问题一直掣肘行业发展。

"反向开票"解决再生资源回收企业第一张票问题

推动大规模设备更新和消费品以旧换新是加快构建新发展格局、推动高质量发展的重要举措，党中央、国务院高度重视资源回收利用行业的发展。今年3月，国务院发布《推动大规模设备更新和消费品以旧换新行动方案》，提出"推广资源回收企业向自然人报废产品出售者'反向开票'做法。何为"反向开票"？

一般情况下，由销售方（收款方）向购买方（付款方）开具增值税发票，即为常见的"正向开票"；所谓"反向开票"，即发票的开具流程与常规流程相反，由购买方（付款方）向销售方（收款方）开具发票。

事实上，"反向开票"并非新生事物。《中华人民共和国发票管理办法》第十八条明确规定，销售商品、提供服务以及从事其他经营活动的单位和个人，对外发生经营业务收取款项，收款方应当向付款方开具发票；特殊情况下，由付款方向收款方开具发票。这里"由付款方向收款方开具发票"，就是"反向开票"。目前，我国已允许"收购单位向农业生产者个人购进自产农产品，企业可自行开具农产品收购发票"等情形"反向开票"。

"反向开票"可以分为两类：一类具有抵扣进项税额功能，如农产品收购发票；另一类不具有抵扣进项税额功能，主要作为税前扣除凭证及财务核算凭证使用。

值得关注的是，本次国家税务总局座谈会进一步明确了"反向开票"能否抵扣进项税的问题。国家税务总局党委书记、局长胡静林表示，对于"反向开票"，应既允许资源回收企业反向开具增值税专用发票，也允许反向开具普通发票，资源回收企业若实行一般计税方法，其反向开具的专用发票，在"征扣税一致"原则下，可以抵扣其缴纳的进项税额。

胡静林表示，通过实施"反向开票"，赋予资源回收企业规范合法的企业所得税税前扣除凭证，同时让持续开展出售报废产品业务的自然人也能按现行税法规定享受增值税免征或减征政策。

"推行资源回收企业'反向开票'，又给了资源回收企业一种新的选择路径，帮助资源回收企业更加便捷地取得从自然人处购进所需的发票。实行'反向开票'措施后，考虑到销售报废产品的自然人大多属于持续经营，我们拟明确其可以按规定享受月销售额10万元以下免征增值税政策，超过10万元的，还可按规定享受增值税3%征收率减按1%征收的政策。"胡静林说。

持续打击利用"反向开票"进行虚开骗税违法行为

值得关注的是，"反向开票"虽然可以简化交易流程、提高效率，并解决再生资源回收企业第一张票问题，但由于"反向开票"

政策较为特殊，其中可能存在的虚开骗税风险也需加强防范。

......

——摘自《4月底前实现"反向开票"再生资源回收企业"源头票"寻求最优解》，新华财经，2024年4月12日。

【思考】

1. 我国为什么要在再生资源行业推广"反向开票"？这背后的政策导向是什么？

2. 对于销售报废产品的自然人，实施"反向开票"后他们可以享受哪些税收优惠政策呢？

3. 在推行"反向开票"的同时，税务部门为何还要持续打击利用"反向开票"进行虚开骗税的违法行为？

4. "反向开票"政策存在哪些可能的风险，又该如何防范这些风险？

5. 结合"反向开票"的实践，谈谈你对我国税收制度改革的看法。

6. 通过"反向开票"政策的出台，我们可以看到国家对于资源回收行业有哪些期待和要求？

案例二

【背景资料】

财政部 税务总局关于先进制造业企业增值税加计抵减政策的公告

现将先进制造业企业增值税加计抵减政策公告如下：

一、自2023年1月1日至2027年12月31日，允许先进制造业企业按照当期可抵扣进项税额加计5%抵减应纳增值税税额（以下称加计抵减政策）。

本公告所称先进制造业企业是指高新技术企业（含所属的非法人分支机构）中的制造业一般纳税人，高新技术企业是指按照《科技部 财政部 国家税务总局关于修订印发〈高新技术企业认定管理办法〉的通知》（国科发火〔2016〕32号）规定认定的高新技术企业。先进制造业企业具体名单，由各省、自治区、直辖市、计划单列市工业和信息化部门会同同级科技、财政、税务部门确定。

二、先进制造业企业按照当期可抵扣进项税额的5%计提当期加计抵减额。按照现行规定不得从销项税额中抵扣的进项税额，不得计提加计抵减额；已计提加计抵减额的进项税额，按规定作进项税额转出的，应在进项税额转出当期，相应调减加计抵减额。

——摘自财政部 税务总局公告2023年第43号《关于先进制造业企业增值税加计抵减政策的公告》

2-5 第二章案
例分析题答案

【思考】

1. 分析加计抵减政策对先进制造业企业发展的积极影响，并探讨该政策如何促进高新技术产业的创新与升级。

2. 分析加计抵减政策对其他行业和企业的影响，以及该政策可能带来的潜在挑战和问题。

第三章
消 费 税

一、单项选择题

1. 下列单位不属于消费税纳税人的是（　　）。
   A. 生产销售应税消费品（金银首饰除外）的单位
   B. 受托加工应税消费品的单位
   C. 进口应税消费品的单位
   D. 委托加工应税消费品的单位

2. 下列单位，不能作为跨境电子商务零售进口商品消费税的代收代缴义务人的是（　　）。
   A. 电子商务交易平台企业　　B. 电子商务企业
   C. 物流企业　　　　　　　　D. 生产企业

3. 下列属于消费税征税范围的是（　　）。
   A. 调味料酒　　　　　　　C. 卫星通信车
   B. 宝石坯　　　　　　　　D. 鞭炮引线

4. 下列应税消费品中，除了在生产销售环节征收消费税外，还应在批发环节征收消费税的是（　　）。
   A. 卷烟　　　　　　　　　B. 超豪华小汽车
   C. 高档手表　　　　　　　D. 高档化妆品

5. 以下属于消费税中按"其他酒"税目征收消费税的是（　　）。
   A. 葡萄酒　　　　　　　　B. 果汁啤酒
   C. 调味料酒　　　　　　　D. 食用酒精

6. 下列消费品中，暂缓征收消费税的是（　　）。
   A. 石脑油　　　　　　　　B. 溶剂油
   C. 航空煤油　　　　　　　D. 润滑油

7. 下列产品中，属于消费税征收范围的是（　　）。
   A. 电动汽车
   B. 载客 50 座的商用客车

    C. 起航容量 200 毫升的摩托车

    D. 8 座乘用车

8. 下列产品中，属于消费税征收范围的是（　　）。

    A. 轮胎　　　　B. 卡丁车　　　C. 电池　　　　D. 酒精

9. 下列各项中，属于视同生产应税消费品的，应当征收消费税的是（　　）。

    A. 商业企业将外购的应税消费品直接销售给消费者的

    B. 商业企业将外购的非应税消费品以应税消费品对外销售的

    C. 生产企业将自产的应税消费品用于连续生产应税消费品的

    D. 生产企业将自产的应税消费品用于企业技术研发的

10. 下列关于消费税计税价格的说法中，正确的是（　　）。

    A. 委托加工白酒，直接按照组成计税价格计算纳税

    B. 采用翻新改制方式销售金银首饰，应按实际收取的不含增值税的全部价款为计税依据

    C. 将自产的葡萄酒用于换取生产资料，按同类消费品的平均价格计算纳税

    D. 卷烟实际销售价格高于核定计税价格，按核定销售价格计税

11. 关于企业单独收取的包装物押金，下列消费税税务处理正确的是（　　）。

    A. 销售葡萄酒收取的包装物押金不并入当期销售额计征消费税

    B. 销售白酒收取的包装物押金应并入当期销售额计征消费税

    C. 销售黄酒收取的包装物押金应并入当期销售额计征消费税

    D. 销售啤酒收取的包装物押金应并入当期销售额计征消费税

12. 某酒厂 2024 年 12 月销售粮食白酒 12 000 斤，不含税单价为 5 元/斤，随同销售的包装物价格为 7 254 元；本月销售礼品盒 6 000 套，不含税单价为 300 元/套，每套包括粮食白酒 2 斤、单价为 80 元，干红酒 2 斤、单价为 70 元。该企业 12 月应纳消费税（　　）元。

    A. 379 240　　　　　　　　　B. 391 240

    C. 391 251　　　　　　　　　D. 444 419. 47

13. 下列消费品的生产经营环节，既征收增值税又征收消费税的是（　　）。

    A. 啤酒的批发环节　　　　　　B. 金银首饰的零售环节

    C. 高档手表的零售环节　　　　D. 高档化妆品的批发环节

14. 下列应当征收消费税的是（　　）。

    A. 影视演员上妆用的上妆油

    B. 体育上用的发令纸

    C. 价值为 8 800 元的手表

    D. 娱乐业举办的啤酒屋利用啤酒生产设备生产的啤酒

15. 下列关于消费税税率的表述错误的是（　　）。

    A. 消费税采用比例税率和定额税率两种形式，以适应不同
应税消费品的实际情况

    B. 卷烟在批发环节加征一道复合税，税率为 5% 加 0.005
元／支

    C. 高档化妆品的税率是 15%

    D. 纳税人将不同税率的应税消费品组成成套消费品销售的，
从高适用税率

16. 外购已税消费品用于连续生产应税消费品的，准予按生产领
用数量计算扣除外购已税消费品已缴纳的消费税。下列说法符合这一
规定的是（　　）。

    A. 以外购高档手表改装加工的钻石手表

    B. 以外购已税木制一次性筷子为原料生产的高档筷子

    C. 外购已税卷烟贴商标、包装生产出售的卷烟

    D. 以外购的柴油用于连续生产生物柴油

17. 下列符合消费税法应按当期生产领用数量计算准予扣除外购
的应税消费品已纳消费税税款规定的是（　　）。

    A. 外购已税白酒生产的药酒

    B. 外购已税珠宝玉石生产的金银镶嵌首饰

    C. 外购已税白酒生产的巧克力

    D. 外购已税汽油生产的应税成品油

18. 下列符合委托加工应税消费品规定的是（　　）。

    A. 受托方代垫原料和主要材料，委托方提供辅助材料的

    B. 委托方提供原料和主要材料，受托方代垫部分辅助材
料的

    C. 受托方负责采购委托方所需原材料的

    D. 受托方提供原材料和全部辅助材料的

19. 某烟丝加工厂为增值税一般纳税人，2024 年 10 月接受某烟
厂委托加工烟丝，烟丝厂自行提供烟叶的成本为 32 000 元，代垫辅
助材料为 2 000 元，加工费为 50 000 元；烟丝厂上月留抵税额为
3 400 元。税务机关对其采用核定价格计税，加工费专用发票经过认
证，下列正确的是（　　）。（以上价格均为不含税金额；烟丝消费
税税率为 30%；烟丝成本利润率为 5%）。

    A. 加工厂应纳增值税 5 100 元，应代收代缴消费税 28 450 元

    B. 加工厂应纳增值税 10 115 元，应纳消费税 15 000 元

    C. 加工厂应纳增值税 5 100 元，应纳消费税 15 000 元

    D. 加工厂本月应纳增值税 12 980 元，应纳消费税 37 800 元

20. 卷烟厂为增值税一般纳税人，2024 年 10 月发生以下业务：从烟农手中收购一批烟叶，支付收购价款 50 000 元。该卷烟厂将该批烟叶全部运往甲烟丝加工厂，委托其加工生产烟丝 4 000 斤，发生运费 4 000 元，取得了运输发票。本月烟丝加工完毕，卷烟厂全部收回，取得甲企业开具的增值税专用发票，注明的加工费为 6 000 元。甲烟丝加工厂该类烟丝的不含税销售价格为 25 元/斤。则本月由甲烟丝加工厂代收代缴消费税（　　）元。（注：烟丝消费税税率为 30%。）

    A. 28 774.29   B. 26 202.86

    C. 30 000   D. 32 451.43

21. 某企业委托酒厂加工药酒 10 箱，该药酒无同类产品销售价格，已知委托方提供的原料成本 1.8 万元，受托方垫付辅料成本 0.15 万元，另收取的不含增值税加工费 0.5 万元，则该酒厂代收代缴的消费税为（　　）元。（注：消费税税率为 10%。）

    A. 2 550   B. 2 722.22

    C. 3 833.33   D. 2 388.88

22. 2024 年 10 月，甲烟草集团公司从某烟丝厂购进已税烟丝，支付不含税价款 150 万元，取得增值税专用发票，委托乙企业将该批烟丝加工成甲类卷烟 600 箱（250 条/箱，200 支/条），当月加工完毕，甲公司将卷烟全部收回，乙企业收取不含税加工费 20 万元。已知烟丝消费税税率为 30%，甲类卷烟消费税税率为 56% 加 0.003 元/支。乙企业应代收代缴消费税（　　）万元。

    A. 181.09   B. 208.36   C. 236.82   D. 244.36

23. 某化妆品生产企业为增值税一般纳税人，2024 年 10 月上旬从国外进口一批散装高档化妆品，缴纳进口消费税 37.06 万元，进口增值税 42 万元。本月企业领用进口的散装高档化妆品的 80% 生产加工为成套化妆品 7 800 件，对外批发销售 6 000 件，取得了 290 万元的不含税销售额；向消费者零售 800 件，取得了 51.48 万元的含税销售额。该企业国内生产销售应缴纳消费税（　　）万元。（注：消费税税率 15%。）

    A. 20.68   B. 72   C. 10.2   D. 15

24. 甲化妆品公司（一般纳税人）将购进的洗发水（不含税价 7 万元）全部和自产的化妆品搭配成成套化妆品 5 000 套，2024 年 10 月对外销售成套化妆品 3 000 套，不含税价共计 14 万元，销售自产护发素，取得不含税售价 9 万元。该企业上述业务应纳消费税为

（ 　 ）万元。（注：消费税税率为15%。）

    A. 2.45　　　　B. 2.96　　　　C. 2.68　　　　D. 2.10

25. 某精工机械制造公司系增值税一般纳税人，主要生产各种礼品手表。2024 年 8 月为某部委制造纪念表 300 只，每只不含税价 9 000 元，制造国宾表 12 只，每只不含税价 1.5 万元；为某银行成立 100 周年特制尊贵金表 2 只，消耗黄金 59 克，人造钻石 3 克，不含税价合计 18 万元；赠送某关系企业一只光电纯银手表，无同类售价，成本利润率为 20%，成本为 8 689 元。则上述业务共应缴纳消费税（ 　 ）元。

    A. 66 769　　　　　　　　B. 68 952.23

    C. 74 606.7　　　　　　　D. 72 000

26. 某汽车制造厂以自产中轻型商务车 20 辆投资某公司，取得 12% 股份，双方确认价值 1 000 万元，该厂生产的同一型号的商务车售价分别为 40 万元/辆、50 万元/辆、70 万元/辆（以上价格均为不含税价格）。该汽车制造厂投资入股的商务车应缴纳消费税（ 　 ）万元。（注：消费税税率5%。）

    A. 70　　　　B. 40　　　　C. 0　　　　D. 50

27. 某卷烟批发企业于 2024 年 2 月，批发销售给卷烟零售企业卷烟 6 标准箱，取得含税收入 120 万元。该企业当月应纳消费税（ 　 ）万元。

    A. 11.83　　　　B. 13.35　　　　C. 59.56　　　　D. 67.29

28. 2024 年 7 月，甲电池生产企业委托乙企业加工铅蓄电池，乙企业按照本企业同类铅蓄电池不含税价格 100 万元代收代缴消费税 4 万元。甲企业当月全部收回。将其中 30% 对外出售，取得不含税销售额 33 万元；50% 用于继续加工铅蓄电池后销售，取得不含税销售额 80 万元。甲企业当月应缴纳消费税（ 　 ）万元。（注：铅蓄电池适用消费税率为4%。）

    A. 0　　　　B. 20　　　　C. 1.32　　　　D. 2.52

29. 甲啤酒厂为增值税一般纳税人，2024 年 8 月销售鲜啤酒 10 吨给乙烟酒批发销售公司，开具的增值税专用发票上注明金额 29 000 元，另开收据收取包装物押金 2 000 元（含塑料周转箱押金 500 元）；销售无醇啤酒 5 吨给丙商贸公司，开具增值税普通发票注明金额 13 800 元，另开收据收取包装物押金 750 元。以上押金均单独核算。甲厂当月应缴纳消费税（ 　 ）元。

    A. 2 500　　　　B. 3 300　　　　C. 3 600　　　　D. 3 750

30. 2024 年 8 月，某化工生产企业以委托加工收回的已税高档化妆品为原料继续加工高档化妆品。委托加工收回的已税高档化妆品期初库存的已纳消费税 30 万元、当期收回的已纳消费税 10 万元、期末库存的已纳消费税 20 万元。当月销售高档化妆品取得不含税收入 280 万元。该企业当月应纳消费税（　　）万元。（注：消费税税率 15%。）

      A. 12　　　　　　B. 22　　　　　　C. 39　　　　　　D. 42

31. 下列单位中，不属于消费税纳税人的是（　　）。

      A. 小汽车生产企业

      B. 委托加工烟丝的卷烟厂

      C. 进口红酒的外贸公司

      D. 受托加工实木地板的加工厂

32. 企业发生的下列经营行为中，应同时缴纳增值税和消费税的是（　　）。

      A. 连锁超市零售卷烟

      B. 4S 店销售大型商用客车

      C. 食品加工厂将自产啤酒用于生产熟食制品

      D. 百货公司零售金基首饰

33. 下列选项中，需要征收消费税的是（　　）。

      A. 电动汽车　　　　　　　　B. 铅蓄电池

      C. 鞭炮药引线　　　　　　　D. 变压器油

34. 某酒厂 12 月销售粮食白酒 12 000 斤，不含税单价为 5 元/斤，随同销售的包装物价格 7 006 元；本月销售礼品盒 6 000 套，不含税单价为 300 元/套，每套包括粮食白酒 2 斤、单价 80 元，干红酒 2 斤、单价 70 元。该企业 12 月应纳消费税（　　）元。

      A. 379 240　　　　　　　　B. 391 240

      C. 391 251　　　　　　　　D. 291 401.2

35. 下列产品中，在计算缴纳消费税时准许扣除外购应税消费品已纳消费税的是（　　）。

3-1　第三章单项选择题答案

      A. 外购已税烟丝连续生产的卷烟

      B. 外购已税摩托车生产的应税摩托车

      C. 外购已税溶剂油生产的应税涂料

      D. 外购已税游艇生产的应税游艇

二、多项选择题

1. 根据现行税法，下列消费品的生产经营环节，既征收增值税又征收消费税的有（　　）。

      A. 批发环节销售的白酒

      B. 零售环节销售的铂金首饰

      C. 加油站销售的成品油

      D. 申报进口的高尔夫球具

2. 下列属于消费税征税范围的有 (　　)。

    A. 航空煤油

    B. 人造宝石制作的首饰

    C. 变压器油

    D. 气缸容量 150 毫升的摩托车

    E. 未经涂饰的素板

3. 关于消费税征收范围的说法正确的有 (　　)。

    A. 购进中轻型商用客车属于"小汽车"的征收范围

    B. 实木指接地板及用于装饰墙壁、天棚的实木装饰板属于"实木地板"的征收范围

    C. 用于水上运动和休闲娱乐等活动的非机动艇属于"游艇"的征收范围

    D. 高尔夫球包属于"高尔夫球及球具"的征收范围

    E. 以汽油、汽油组分调和生产的"甲醇汽油"和"乙醇汽油"属于"汽油"的征收范围

4. 关于消费税征税范围的说法正确的有 (　　)。

    A. 以发酵酒为酒基,酒精度低于 38 度 (含) 的配制酒,按"其他酒"征收消费税

    B. 施工状态下 VOC 含量低于 420 克/升 (含) 的涂料不属于消费税的征收范围

    C. 催化料、焦化料属于燃料油的征收范围

    D. 用排气量大于 1.5 升的乘用车底盘改装的车辆属于乘用车的征收范围

    E. 玻璃仿制品属于贵重首饰及珠宝玉石的征收范围

5. 根据现行税法规定,下列业务既征收增值税又征收消费税的有 (　　)。

    A. 贸易公司进口游艇

    B. 石化公司销售自产汽油

    C. 烟酒经销商店销售外购的已税白酒

    D. 卷烟批发企业向零售商销售卷烟

    E. 涂料生产企业销售涂料

6. 下列业务中,既征收增值税,又征收消费税的有 (　　)。

    A. 商场珠宝部销售金银首饰

    B. 烟草公司向卷烟批发局批发卷烟

    C. 商场服装部销售高档服装

    D. 酒厂将自产白酒用于职工福利

    E. 4S 店销售超豪华小汽车

7. 下列行为中,既缴纳增值税又缴纳消费税的有 (　　)。

A. 酒厂将自产的白酒赠送给协作单位

B. 卷烟厂将自产的烟丝移送用于生产卷烟

C. 日化厂将自产的香水精（属高档化妆品）移送用于生产护肤品

D. 汽车厂将自产的应税小汽车赞助给某艺术节组委会

8. 下列消费品移送使用时应缴纳消费税的有（　　）。

A. 将自产烟丝移送用于生产卷烟

B. 自产卷烟用于职工福利

C. 自产高档化妆品用作广告样品

D. 将自产的木制一次性筷子用于生产高档筷子

9. 某汽车制造厂生产的小汽车用于以下方面，应缴纳消费税的有（　　）。

A. 用于本厂研究做碰撞试验

B. 投资给某企业

C. 移送改装分厂改装加长型豪华小轿车具

D. 赠送当地公安机关办案用

10. 纳税人自产自用的应税消费品用于下列方面，应视同销售计算消费税的有（　　）。

A. 用于生产非应税消费品

B. 用于连续生产其他应税消费品

C. 用于在建工程

D. 用于馈赠

11. 依据消费税相关规定，下列应税消费品中，准予扣除外购已纳消费税的有（　　）。

A. 以已税烟丝为原料生产的卷烟

B. 以已税珠宝玉石为原料生产的钻石首饰

C. 以已税粮食白酒连续生产的药酒

D. 以已税润滑油为原料生产的应税成品油

12. 下列关于消费税纳税人的说法，正确的有（　　）。

A. 零售金银首饰的纳税人是消费者

B. 委托加工高档化妆品的纳税人（不包括其他个人和个体工商户）是受托加工企业

C. 携带卷烟入境的纳税人是携带者

D. 邮寄入境高档手表的纳税人是收件人

13. 下列各项关于从量计征消费税计税依据确定方法的表述中，正确的有（　　）。

A. 销售应税消费品的，为应税消费品的销售数量

B. 进口应消费品的为海关核定的应税消费品数量

C. 以应税消费品投资入股的，为应税消费品移送使用数量

D. 委托加工应税消费品的，为加工完成的应税消费品数量

14. 纳税人发生的下列行为中，应征收消费税的有（　　）。

A. 白酒厂将自产的白酒赠送给客户

B. 葡萄酒厂将自产的葡萄酒用于连续生产酒心巧克力

C. 化妆品厂将自产的高档化妆品作为福利发给职工

D. 汽车制造厂将自产的小汽车用于工厂内部的行政部门

15. 下列产品中，在计算缴纳消费税时准许扣除外购应税消费品已纳消费税的有（　　）。

A. 外购已税烟丝生产的卷烟

B. 外购已税实木素板涂漆生产的实木地板

C. 外购已税白酒加香生产的白酒

D. 外购已税手表镶嵌钻石生产的手表

16. 酒厂下设一非独立核算的门市部，下列说法正确的有（　　）。

A. 应以门市部销售价格作为消费税计税依据

B. 应以酒厂与门市部的结算价作为消费税计税依据

C. 应以门市部销售量作为消费税计税依据

D. 可以通过低价转让给门市部，再由门市部以市价售出的转让定价策略实现消费税税收筹划

17. 下列属于消费税"高档化妆品"税目征收范围的项目有（　　）。

A. 护发素　　　　　　　　B. 唇笔

C. 演员化妆用的油彩　　　D. 成套化妆品

18. 下列关于卷烟批发环节应纳消费税的说法，正确的有（　　）。

A. 纳税人销售给纳税人以外的单位和个人的卷烟应于销售时缴纳消费税

B. 纳税人应将卷烟销售额与其他商品销售额分开核算，未分开核算的，一并征收消费税

C. 卷烟批发企业的机构所在地，总机构与分支机构不在同一地区的，应在各自所在地申报纳税

D. 卷烟消费税在生产和批发两个环节征收后，批发企业在计算纳税时可以扣除已含的在生产环节的消费税税款

19. 以下符合卷烟批发环节征收消费税规定的有（　　）。

A. 卷烟批发商之间销售卷烟不缴纳消费税

B. 纳税人批发卷烟和其他商品不能分别核算的，一并征收消费税

  C. 卷烟批发企业的总分支机构不在同一地区的，由各分支机构分别纳税

  D. 批发环节计算纳税时，不得扣除已含的生产环节消费税税款

20. 依据消费税的规定，下列应税消费品中，准予扣除已纳消费税的有（ ）。

  A. 以已税杆头、杆身和握把为原料生产的高尔夫球杆

  B. 以已税珠宝玉石为原料生产的贵重珠宝首饰

  C. 以已税鞭炮焰火连续生产的鞭炮焰火

  D. 以已税润滑油为原料生产的润滑油

21. 纳税人发生的下列行为中，应征收消费税的有（ ）。

  A. 白酒厂将自产的白酒赠送给客户

  B. 葡萄酒厂将自产的葡萄酒用于连续生产酒心巧克力

  C. 化妆品厂将自产的高档化妆品作为福利发给职工

  D. 汽车制造厂将自产的小汽车用于工厂内部的行政部门

22. 某商场 5 月零售的下列首饰中，应缴纳消费税的有（ ）。

  A. 翡翠项链   B. 金银首饰

  C. 玉石手镯   D. 钻石戒指

23. 下列环节同时征收消费税和增值税的有（ ）。

  A. 高尔夫球及球具的生产销售环节

  B. 电子烟的进口环节

  C. 金银首饰的生产环节

  D. 卷烟的批发环节

3-2 第三章多项选择题答案

三、判断题

1. 消费税在应税消费品的生产、委托加工和进口环节缴纳，实行的是价内税。   （ ）

2. 将不同税率的应税消费品组成成套消费品销售的，从高适用税率。   （ ）

3. 企业把自己生产的应税消费品以福利或奖励的形式发给本单位职工，由于不是对外销售，不必计入销售额，因而不征收消费税。   （ ）

4. 委托加工的应税消费品，受托方为个人的，由委托方向其机构所在地的税务机关申报缴纳消费税。   （ ）

5. 我国的消费税在生产销售、委托加工和进口环节计征，并实行单一环节征税，批发、零售环节一律不征收消费税。 （ ）

6. 甲酒厂本年 7 月销售自产红酒，取得含增值税价款 90.4 万元，另收取包装物押金 4.52 万元、手续费 2.26 万元。已知红酒的增

值税税率为 13%，消费税税率为 10%。甲酒厂该笔业务应缴纳消费税税额 = (90.4 + 4.52 + 2.26) ÷ (1 + 13%) × 10% = 8.6（万元）。

（　）

7. 某卷烟厂通过自设独立核算门市部销售自产卷烟，应当按照门市部对外销售额或销售数量计算征收消费税。（　）

8. 纳税人销售的应税消费品，如因质量等原因由购买者退回，经机构所在地或者居住地主管税务机关审核批准后，可退还已缴纳的消费税税款。（　）

9. 甲企业本年 7 月受托加工一批烟丝，已收到由委托方提供的材料及加工费，该烟丝计划于本年 8 月 10 日加工完成并交付。甲企业应于本年 8 月 15 日前向税务机关缴纳代收代缴的委托加工环节消费税。（　）

3 - 3　第三章判断题答案

10. 纳税人将外购的已税珠宝、玉石原料生产的改在零售环节征收消费税的金银镶嵌首饰，在计税时一律不得扣除外购珠宝、玉石的已纳税款。（　）

四、计算问答题

1. 某汽车生产企业主要从事小汽车生产和改装业务，为增值税一般纳税人，9 月经营如下业务：

a. 将生产的 800 辆汽车分两批出售，其中 300 辆增值税专用发票注明金额 4 500 万元，税额为 585 万元，500 辆增值税专用发票注明金额 6 500 万元，税额为 845 万元。

b. 将生产的 100 辆小汽车用于换取生产资料，以成本 12 万元每辆互相开具增值税专用发票注明金额 1 200 万元，税额 156 万元。

其他资料：该企业生产的小汽车的消费税税率为 5%。

要求：根据上述资料回答下列问题：

问题（1）：业务 a 应纳消费税计算。

问题（2）：业务 b 应纳消费税计算，并说明理由。

2. 小汽车生产企业甲为增值税一般纳税人，2024 年 4 月相关业务如下：

a. 销售 100 辆电动小汽车，不含税销售价格 18 万元/辆，款项已收讫。

b. 将 80 辆 A 型燃油小汽车以"以物易物"方式与物资公司乙换取生产资料，A 型车曾以不含税销售价格 25 万元/辆、28 万元/辆进行销售。

c. 上月以托收承付方式销售 100 辆 B 型燃油小汽车给贸易公司丙，不含税销售价格 11 万元/辆，本月发出 100 辆并办妥托收手续。当月丙贸易公司将上述 100 辆小汽车全部出口，海关审定的离岸价格为 14 万元/辆。

（其他相关资料：A 型小汽车消费税税率 5%，B 型小汽车消费税税率 3%。）

要求：根据上述资料，按照序号回答问题，如有计算需计算出合计数。

问题（1）：说明业务 a 甲企业是否需要缴纳消费税及体现的税收政策导向。

问题（2）：计算业务 b 甲企业应缴纳的消费税。

问题（3）：说明业务 c 甲企业消费税的纳税义务发生时间所属月份，并计算应缴纳的消费税。

问题（4）：判断丙贸易公司能否享受出口免税并退还消费税政策，如能享受该政策请计算应退税额。

3. 甲地板厂（一般纳税人）生产实木地板（消费税税率 5%），10 月发生业务如下：

a. 将外购素板 40% 加工成 A 型实木地板，当月对外销售并开具增值税专用发票注明销售金额 40 万元、税额 5.2 万元。

b. 受乙地板厂委托加工一批 A 型实木地板，双方约定由甲厂提供素板，乙厂支付加工费。甲厂将剩余的外购实木素板全部投入加工，当月将加工完毕的实木地板交付乙厂，开具的增值税专用发票注明收取材料费金额 30.6 万元、加工费 5 万元。

要求：

问题（1）：判断业务 b 是否为消费税法规定的委托加工业务并说明理由。

问题（2）：指出业务 b 的消费税纳税义务人、计税依据确定方法及数额。（不考虑外购应税消费品已纳税款的扣除。）

问题（3）：计算业务 b 应缴纳的消费税税额。

4. 某金店（增值税一般纳税人）2024 年 6 月发生如下业务：

a. 1 ~ 24 日，零售纯金首饰取得含税销售额 1 200 000 元，零售玉石首饰取得含税销售额 1 160 000 元。

b. 25 日，采取以旧换新方式零售 A 款纯金首饰，实际收取价款 560 000 元，同款新纯金首饰零售价为 780 000 元。

c. 27 日，接受消费者委托加工 B 款金项链 20 条，收取含税加工费 5 650 元，无同类金项链销售价格，黄金材料成本 30 000 元，当月加工完成并交付委托人。

d. 30 日，将新设计的 C 款金项链发放给优秀员工作为奖励。该批金项链耗用黄金 500 克。不含税购进价格 270 元/克，无同类首饰售价。

已知：贵重首饰及珠宝玉石成本利润率为 6%，金银首饰消费税税率为 5%，其他贵重首饰和珠宝玉石消费税税率为 10%。

要求：根据上述资料，回答下列问题。

问题（1）：业务 a 应缴纳的消费税是多少元？

问题（2）：业务 b 应缴纳的消费税是多少元？

问题（3）：业务 c 应缴纳的消费税是多少元？

问题（4）：业务 d 应缴纳消费税是多少元？

5. 甲酒厂为增值税一般纳税人，主要经营粮食白酒的生产与销售，2024 年 6 月发生下列业务：

a. 以自产的 10 吨 A 类白酒换入企业乙的蒸汽酿酒设备，取得企业乙开具的增值税专用发票上注明价款 20 万元，增值税 3.2 万元。已知该批白酒的生产成本为 1 万元/吨，不含增值税平均销售价格为 2 万元/吨，不含增值税最高销售价格为 2.5 万元/吨。

b. 移送 50 吨 B 类白酒给自设非独立核算门市部，不含增值税售价为 1.5 万元/吨，当月全部售出，门市部对外不含增值税售价为 3 万元/吨。

c. 受企业丙委托加工 20 吨粮食白酒，双方约定由企业丙提供原材料，成本为 30 万元，开具增值税专用发票上注明的加工费 8 万元、增值税 1.28 万元。甲酒厂同类产品的售价为 2.75 万元/吨。（其他相关资料：白酒消费税税率为 20% 加 0.5 元/500 克，粮食白酒成本利润率为 10%。）

要求：根据上述资料，按照下列序号回答问题，如有计算需计算出合计数。

问题（1）：计算业务 a 应缴纳的消费税税额。

问题（2）：计算业务 b 应缴纳的消费税税额。

问题（3）：说明业务 c 的消费税纳税义务人和计税依据。

问题（4）：计算业务 c 应缴纳的消费税税额。

6. 甲地板厂系增值税一般纳税人，2024 年 10 月发生如下业务：

a. 进口实木地板 A 一批，海关审定的关税完税价格为 8 万元。

b. 从乙实木地板厂购进未经涂饰的素板，取得的增值税专用发票上注明价款 5 万元，增值税 0.65 万元。当月领用进口实木地板 A 的 20% 和未经涂饰素板的 70% 用于继续生产实木地板 B，生产完成后以直接收款方式将部分实木地板 B 对外出售，取得不含税销售收入 32 万元。

c. 采取赊销方式向某商场销售剩余的实木地板 B，不含税销售额 150 万元，合同约定当月 15 日付款，但由于商场资金周转不开，实际于下月 20 日支付该笔货款。

d. 将自产的一批实木地板 C 作价 200 万元投资给某商店，该批实木地板的最低不含增值税销售价格为 160 万元，平均不含增值税销售价格为 180 万元，最高不含增值税销售价格为 200 万元。

e. 将新生产的豪华实木地板用于本企业办公室装修，该批实木地板成本为 90 万元，市场上无同类产品的销售价格。

（其他相关资料：实木地板消费税税率为 5%、成本利润率为 5%、进口关税税率为 30%；上述业务涉及的相关票据均已申报抵扣。）

要求：根据上述相关资料，按顺序回答下列问题，如有计算，每问需计算出合计数。

问题（1）：计算业务 a 甲地板厂应缴纳的进口环节增值税和消费税；

问题（2）：计算业务 b 准予抵扣的实木地板已纳消费税；

问题（3）：计算业务 b、业务 c 甲地板厂应纳的消费税；

问题（4）：计算业务 d 甲地板厂应纳的消费税；

问题（5）：计算业务 e 甲地板厂应纳的消费税。

3-4 第三章计算问答题答案

五、案例分析题

案例一

【背景资料】

关于横琴粤澳深度合作区个人行李和寄递物品有关税收政策的通知

为贯彻落实《横琴粤澳深度合作区建设总体方案》，经国务院同意，现就横琴粤澳深度合作区（以下简称合作区）个人行李和寄递物品有关税收政策通知如下：

一、横琴与澳门特别行政区（以下简称澳门）之间设为"一线"。对经"一线"进入合作区的个人行李和寄递物品，以自用、合理数量为限且符合有关管理规定，除国家法律、行政法规明确规定不予免税的外，海关予以免税放行。免税放行后的个人行李和寄递物品，可以正常消费使用。

二、横琴与中华人民共和国境内其他地区（以下简称内地）之间设为"二线"。对从合作区经"二线"进入内地的个人行李和寄递物品，以自用、合理数量为限，参照自澳门进入内地的进境物品适用的有关规定监管、征税；超出自用、合理数量的个人行李和寄递物品，从合作区经"二线"进入内地时，应当按照货物征管。其中，已按规定征收国内环节增值税和消费税的，或合作区内已缴纳进口关税、进口环节增值税和消费税的，不再征收进境物品有关税收。

从合作区经"二线"进入内地时，旅客（不含非居民旅客）携带物品不超过 8 000 元人民币（含 8 000 元）的，海关予以免税放行。非居民旅客继续按照现行进境物品有关规定执行。

三、对短期内多次经"一线"来往澳门和合作区，以及经"二线"来往合作区和内地的旅客,海关只放行其旅途必需物品。

四、旅客享受免税政策获取的物品,属于个人使用的最终商品,不得再次销售。

五、对违反本通知规定倒卖、代购、走私进境物品的个人,由合作区执行委员会会同有关部门依法依规纳入信用记录;对于构成走私行为或者违反海关监管规定等行为的,由海关等监管机构依照有关规定予以处理,构成犯罪的,依法追究刑事责任。

六、合作区执行委员会制定本通知相关配套管理办法,明确经"二线"进入内地物品的来源及其缴税情况等认定标准,依照职责加强监管。

七、财政部广东监管局、海关总署广东分署及拱北海关、国家税务总局广东省税务局会同省内相关部门加强对合作区财税政策执行的监督检查,防止出现违法违规行为,出现重大情况,及时上报财政部、海关总署、税务总局。

八、本通知自横琴粤澳深度合作区相关监管设施验收合格、正式封关运行之日起执行。《财政部关于从境外经"一线"进入横琴和经"二线"进入内地的旅客携带行李物品的具体规定的通知》(财关税〔2013〕30号)同时废止。

——摘自《财政部 海关总署 税务总局关于横琴粤澳深度合作区个人行李和寄递物品有关税收政策的通知》

【思考】

1. 根据以上政策信息,分析其可能对消费行为产生的影响。

2. 本案例所述税收政策对推动横琴与澳门、内地的经济交流和合作有何积极作用?

案例二
【背景资料】

财政部 税务总局关于继续对废矿物油再生油品免征消费税的公告

为继续支持促进资源综合利用和环境保护,现对以回收的废矿物油为原料生产的润滑油基础油、汽油、柴油等工业油料免征消费税政策公告如下:

一、废矿物油,是指工业生产领域机械设备及汽车、船舶等交通运输设备使用后失去或降低功效更换下来的废润滑油。

二、纳税人利用废矿物油生产的润滑油基础油、汽油、柴油等工业油料免征消费税,应同时符合下列条件:

(一)纳税人必须取得生态环境部门颁发的《危险废物(综合)经营许可证》,且该证件上核准生产经营范围应包括"利用"或"综合经营"字样。生产经营范围为"综合经营"的纳税人,还应同时提供颁发《危险废物（综合）经营许可证》的生态环境部门出具的能证明其生产经营范围包括"利用"的材料。纳税人在申请办理免征消费税备案时，应同时提交污染物排放地生态环境部门确定的该纳税人应予执行的污染物排放标准，以及污染物排放地生态环境部门在此前 6 个月以内出具的该纳税人的污染物排放符合上述标准的证明材料。纳税人回收的废矿物油应具备能显示其名称、特性、数量、接受日期等项目的《危险废物转移联单》。

（二）生产原料中废矿物油重量必须占到 90% 以上。产成品中必须包括润滑油基础油，且每吨废矿物油生产的润滑油基础油应不少于0.65 吨。

（三）利用废矿物油生产的产品与利用其他原料生产的产品应分别核算。

……

四、符合本公告第二条规定的纳税人利用废矿物油生产的润滑油基础油连续加工生产润滑油，或纳税人（包括符合本公告第二条规定的纳税人及其他纳税人）外购利用废矿物油生产的润滑油基础油加工生产润滑油，在申报润滑油消费税额时按当期销售的润滑油数量扣减其耗用的符合本公告规定的润滑油基础油数量的余额计算缴纳消费税。

——摘自《财政部 税务总局关于〈继续对废矿物油再生油品免征消费税的公告〉》

【思考】

1. 从社会责任和可持续发展的角度出发，分析企业应如何响应国家关于废矿物油回收利用的税收优惠政策，以及这一政策对企业生产经营活动的可能影响。

2. 探讨消费税优惠政策在激励企业进行废矿物油回收利用方面可能面临的挑战和实施难点，并提出相应的解决建议。

3-5 第三章案例分析题答案

第四章

企 业 所 得 税

一、单项选择题

1. 下列企业，属于我国企业所得税居民企业的是（　　）。
   A. 依照中国台湾地区法律成立且实际管理机构在台湾的企业
   B. 依照中国香港地区法律成立但实际管理机构在内地的企业
   C. 依照美国法律成立且实际管理机构在美国，但在中国境内设立营业场所的企业
   D. 依照日本法律成立且实际管理机构在日本，但在中国境内从事装配工程作业的企业

2. 下列关于所得税来源地的确定，符合企业所得税法相关规定的是（　　）。
   A. 销售货物所得按照销售企业所在地确定
   B. 股息、红利等权益性投资所得按照分配所得的企业所在地确定
   C. 特许权使用费所得按照转让特许权的企业所在地确定
   D. 动产转让所得按照交易活动发生地确定

3. 在中国境内设立机构、场所的非居民企业取得的下列所得，实际适用10%的企业所得税税率的是（　　）。
   A. 与境内机构、场所没有实际联系的境外所得
   B. 与境内机构、场所没有实际联系的境内所得
   C. 与境内机构、场所有实际联系的境外所得
   D. 与境内机构、场所有实际联系的境内所得

4. 下列关于企业所得税应税收入的确认时间，正确的是（　　）。
   A. 销售商品采用托收承付方式的，在办妥托收手续时确认收入的实现
   B. 销售货物采用预收款方式的，以收到预收款的时间确认收入的实现

C. 销售商品采用支付手续费方式委托代销的，发出货物 180 天后确认收入的实现

D. 销售商品需要简单安装的，需要在安装和检验完毕时确认收入的实现

5. 依据企业所得税的相关规定，符合条件的非营利性组织取得的下列收入，应缴纳企业所得税的是（   ）。

A. 接受社会捐赠的收入

B. 因政府购买服务取得的收入

C. 按照省以上民政、财政部门规定收取的会费收入

D. 不征税收入、免税收入孳生的银行存款利息收入

6. 下列收入中，属于企业所得税法规定的不征税收入的是（   ）。

A. 企业收到地方政府未规定专项用途的税收返还款收入

B. 外贸企业收到的出口退税款收入

C. 事业单位收到的财政拨款收入

D. 企业依法收取未上缴财政的政府性基金

7. 某白酒制造企业 2024 年取得收入 4 000 万元，向广告公司支出 500 万元广告费用，广告已经制作并取得广告公司的发票，2018 年和 2023 年企业结转至本年扣除的广告费用分别为 55 万元和 105 万元，该企业计算 2024 年企业所得税时可以扣除广告费用（   ）万元。

A. 500 　　　B. 605 　　　C. 660 　　　D. 600

8. 某电子公司（企业所得税税率 15%）于 2024 年 1 月 1 日向母公司（企业所得税税率 25%）借入 2 年期贷款 5 000 万元用于购置原材料，约定年利率为 10%，银行同期同类贷款利率为 7%。2024 年电子公司企业所得税前可扣除的该笔借款的利息费用为（   ）万元。

A. 1 000 　　　B. 500 　　　C. 350 　　　D. 0

9. 甲公司持有乙制造公司 60% 股权，乙企业注册资本为 4 000 万元。2024 年 6 月 1 日，乙公司向甲公司借款 5 000 万元用于扩大再生产，借款期限为 3 年，约定年利率为 10%，银行同期同类贷款利率为 7%。2024 年乙公司企业所得税前可扣除的该笔借款的利息费用为（   ）万元。

A. 336.00 　　　B. 168.00 　　　C. 196.00 　　　D. 204.17

10. 企业发生的广告费，下列所得税处理正确的是（   ）。

A. 酒类制造企业的广告费，不得在税前扣除

B. 医药销售企业的广告费，不超过当年销售收入 30% 的部分准予税前扣除

C. 企业筹建期间发生的广告费，可按实际发生额计入筹办

费，按有关规定在税前扣除

  D. 签订广告分摊协议的关联企业，计算税前可扣除的广告费，只能在关联企业之间平均扣除

11. 甲企业于 2016 年 1 月开始生产经营，2019 年 6 月 28 日取得国家高新技术企业资质，截至 2024 年 12 月 31 日经营状况如下表。该企业 2022 年应缴纳企业所得税（ ）万元。

年度	2016	2017	2018	2019	2020	2021	2022
所得（万元）	-430	-100	-100	200	50	-150	700

  A. 87.50   B. 52.50   C. 25.50   D. 42.50

12. 下列各项收入中，需计入应纳税所得额计算缴纳企业所得税的是（ ）。

  A. 国债利息收入

  B. 存款利息收入

  C. 财政拨款

  D. 符合条件的居民与企业之间的股息、红利等权益性收益

13. 下列按照负担、支付所得的企业场所所在地确定所得来源地的是（ ）。

  A. 股息、红利所得

  B. 提供劳务所得

  C. 权益性投资资产转让所得

  D. 利息所得

14. 某居民企业 2024 年实际支出的工资、薪金总额为 150 万元，福利费本期发生 20 万元，拨缴的工会经费 3 万元，已经取得工会拨缴收据，实际发生职工教育经费 4.50 万元，该企业 2024 年应调整的应纳税所得额为（ ）万元。

  A. 0   B. 0.75   C. 9.75   D. 5.50

15. 某工业企业 2024 年度全年销售收入为 1 000 万元，其中包括转让无形资产所有权收入 100 万元，提供加工劳务收入 150 万元，变卖固定资产收入 30 万元，视同销售收入 100 万元，当年发生业务招待费 10 万元。则该企业 2024 年度所得税税前可以扣除的业务招待费用为（ ）万元。

  A. 6   B. 6.25   C. 4.75   D. 3.75

16. 根据企业所得税法的规定，下列项目中，允许在应纳税所得额中扣除的是（ ）。

  A. 子公司以管理费名义支付给母公司的费用

    B. 税务机关处以的罚款

    C. 非正常损失有赔偿的部分

    D. 企业之间支付的租金

17. 某企业注册资本为 3 000 万元，2024 年按同期金融机构贷款利率从其关联方借款 6 800 万元，发生借款利息 680 万元，关联方实际税负低于该企业，企业准予扣除的利息金额为（　　）万元。

    A. 680　　　　B. 600　　　　C. 480　　　　D. 490

18. 下列按分配所得的所在地确定所得来源地的是（　　）。

    A. 销售货物所得　　　　　　B. 股息所得

    C. 动产转让所得　　　　　　D. 特许权使用费所得

19. 某企业在 2024 年销售收入达到 2 000 万元。当年实际发生的业务招待费为 20 万元。该企业当年可在所得税税前列支的业务招待费金额为（　　）万元。

    A. 10　　　　B. 12　　　　C. 15　　　　D. 20

20. 某居民企业 2024 年度取得生产经营收入总额 2 800 万元，发生销售成本 2 000 万元、财务费用 150 万元、管理费用 400 万元（其中含业务招待费 15 万元，未包含相关税金及附加），上缴增值税 60 万元、消费税 140 万元、城市维护建设税 14 万元、教育费附加 6 万元，"营业外支出"账户中列支被工商行政管理部门罚款 7 万元、通过公益性社会团体向扶贫地区进行扶贫捐赠 10 万元。该企业在计算 2024 年度应纳税所得额时，准予扣除的公益性捐赠的金额为（　　）万元。

    A. 2.25　　　B. 8.76　　　C. 1.24　　　D. 10

21. 某高新技术企业因扩大生产规模新建厂房，由于自有资金不足，2024 年 1 月 1 日向银行借入长期借款 1 笔，金额 3 000 万元，贷款年利率是 4.5%，2024 年 4 月 1 日该厂房开始建设，12 月 31 日房屋竣工结算并交付使用，则 2024 年度该企业可以在税前直接扣除的该项借款费用为（　　）万元。

    A. 36.65　　　B. 35.45　　　C. 32.75　　　D. 33.75

22. 企业发生的下列支出中，可在发生当期直接在企业所得税税前扣除的是（　　）。

    A. 固定资产的大修理支出

    B. 租入固定资产的改建支出

    C. 固定资产的日常修理支出

    D. 已足额提取折旧的固定资产的改建支出

23. 企业支付的下列保险费，不得在企业所得税税前扣除的是（　　）。

    A. 企业为投资者购买的商业保险

    B. 企业按规定为职工购买的工伤保险

    C. 企业为特殊工种职工购买的法定人身安全保险

    D. 企业按规定缴纳的公众责任险

24. 下列项目免征企业所得税的是（　　　）。

    A. 牲畜、家禽的饲养　　　　B. 花卉作物的种植

    C. 内陆养殖　　　　　　　　D. 香料作物的种植

25. 某高新技术企业，取得技术转让收入 900 万元，其中成本 100 万元，该企业应缴纳企业所得税（　　　）万元。

    A. 22.5　　　　B. 30　　　　C. 37.5　　　　D. 33

26. 自 2024 年 1 月 1 日至 2024 年 12 月 31 日，制造企业发生的研发费用，未形成无形资产计入当期损益的，在按照规定据实扣除的基础上，再按照研究开发费用的（　　　）加计扣除。

    A. 75%　　　　B. 100%　　　　C. 150%　　　　D. 175%

27. 某居民企业于 2024 年 6 月购置并投入使用环境保护专用设备（属于企业所得税优惠目录的范围），取得增值税专用发票注明的金额 300 万元、税额 39 万元，2024 年该企业应纳税所得额 168 万元。该企业当年应缴纳的企业所得税为（　　　）万元。

    A. 12.0　　　　B. 6.9　　　　C. 26.0　　　　D. 42.0

28. 依据企业所得税的相关规定，下列固定资产可以计提折旧的是（　　　）。

    A. 闲置未用的仓库和办公楼

    B. 以经营租赁方式租入的生产设备

    C. 单独估价作为固定资产入账的土地

    D. 已提足折旧仍继续使用的运输工具

29. 某企业于 2021 年 6 月购置并投入使用环境保护专用设备（属于企业所得税优惠目录的范围），取得增值税专用发票注明的金额 300 万元、税额 39 万元。该设备未选择一次性税前扣除，会计折旧年限符合税法规定。2021 年该企业应纳税所得额为 468 万元。该企业当年应缴纳的企业所得税是（　　　）万元。

    A. 12.00　　　　B. 42.00　　　　C. 87.00　　　　D. 109.50

30. 某居民企业在 2024 年实现会计利润总额 120 万元，在当年的生产经营活动中，该企业对目标脱贫地区的捐赠支出达到了 20 万元，购买了价值 30 万元的环境保护专用设备，并取得了增值税专用发票。假设当年无其他纳税调整项目，2024 年该企业应缴纳企业所得税（　　　）万元。

    A. 27　　　　B. 28.40　　　　C. 30.00　　　　D. 31.40

31. 甲公司于 2021 年 8 月以 800 万元直接投资于乙公司，占有乙公司 30% 的股权。2024 年 12 月将全部股权转让取得收入 1 200 万元，

并完成股权变更手续，转让时乙公司账面累计未分配利润200万元。甲公司应确认股权转让的应纳税所得额是（   ）万元。

  A. 200   B. 340   C. 400   D. 900

  32. 下列关于企业筹建期间涉及企业所得税处理的表述中，正确的是（   ）。

  A. 业务招待费按实际发生额计入筹办费

  B. 筹办费用支出可以在开始经营之日的当年一次性扣除

  C. 筹办期间所属年度计算为亏损年度

  D. 广告费和业务宣传费不得向以后年度结转

  33. 企业发生的下列支出中，在计算企业所得税应纳税所得额时准予扣除的是（   ）。

  A. 向投资者分配的红利

  B. 缴纳的增值税税款

  C. 按规定缴纳的财产保险费

  D. 违反消防规定被处以的行政罚款

  34. 下列关于固定资产计税基础的表述中，符合企业所得税相关规定的是（   ）。

  A. 自行建造的固定资产，为该资产的评估价值

  B. 改建的固定资产，为改建该资产的新增价值

  C. 盘盈的固定资产，为同类固定资产的重置完全价值

  D. 通过债务重组方式取得的固定资产，为该资产的账面原值

  35. 下列固定资产中，在计算企业所得税时可以计提折旧进行税前扣除的是（   ）。

  A. 未投入使用的房屋

  B. 与经营活动无关的固定资产

  C. 以经营租赁方式租入的固定资产

  D. 单独估价作为固定资产入账的土地

  36. 企业从事符合条件的节能节水项目的所得，可享受的企业所得税优惠政策是（   ）。

  A. 两免三减半   B. 三免三减半

  C. 减按5%税率   D. 减按10%税率

  37. 企业从事国家重点扶持的公共基础设施项目取得的投资经营所得，享受企业所得税"三免三减半"优惠政策的起始时间是（   ）。

  A. 项目投资的当年

  B. 项目投资开始实现会计利润的当年

  C. 项目投资开始缴纳企业所得税的当年

  D. 项目投资获得第一笔经营收入的当年

4-1 第四章单项选择题答案

二、多项选择题

1. 依据企业所得税的相关规定，下列行为应视同销售确认收入的有（　　）。

    A. 将外购货物用于业务宣传

    B. 将自产货物用于职工奖励

    C. 将自建商品房转为固定资产

    D. 将自产货物用于职工宿舍建设

    E. 将自产货物移送到境外分支机构

2. 下列关于收入确认金额的说法，符合企业所得税相关规定的有（　　）。

    A. 采用售后回购方式销售商品进行融资的，销售的商品按售价确认收入

    B. 采用以旧换新方式销售商品的，应按实际收到的金额确认收入

    C. 采取商业折扣方式销售商品的，应按商业折扣后的金额确认收入

    D. 采取现金折扣方式销售商品的，应按现金折扣后的金额确认收入

    E. 已经确认销售收入的售出商品发生销售折让的，应冲减折让当期的收入

3. 依据企业所得税相关规定，关于业务招待费计算扣除的说法，正确的有（　　）。

    A. 企业筹建期间发生的业务招待费，可按实际发生额的60%计入筹办费在税前扣除

    B. 创投企业从其被投资企业所分配的股息、红利，可作为业务招待费的计算基数

    C. 从事股权投资业务的企业取得的股权转让收入，可作为业务招待费的计算基数

    D. 企业税前可扣除的业务招待费，最高不得超过当年销售或营业收入的5‰

    E. 企业视同销售的收入，不得作为业务招待费的计算基数

4. 根据企业所得税相关规定，企业下列支出超过税法规定扣除限额标准，准予向以后年度结转扣除的有（　　）。

    A. 业务宣传费支出　　　　B. 公益性捐赠支出

    C. 广告费支出　　　　　　D. 职工教育经费支出

    E. 职工福利费支出

5. 根据企业所得税相关规定，下列支出应作为长期待摊费用进

行税务处理的有（　　）。

  A. 融资租入固定资产的租赁费支出

  B. 租入固定资产的改建支出

  C. 固定资产的大修理支出

  D. 已提足折旧的固定资产的改建支出

  E. 未提足折旧的固定资产改建支出

6. 下列各项收入，免征企业所得税的有（　　）。

  A. 转让国债取得的转让收入

  B. 非营利组织免税收入孳生的银行存款利息

  C. 国际金融组织向居民企业提供一般贷款的利息收入

  D. 企业种植观赏性植物

  E. 国债利息收入

7. 下列项目的所得，免征企业所得税的有（　　）。

  A. 企业销售牲畜产生的分泌物

  B. 企业外购茶叶筛选分包后销售

  C. 农机作业和维修

  D. 农产品初加工

  E. 企业委托个人饲养家禽

8. 企业 2024 年度发生的下列研发费用，未形成无形资产的，可以按照实际发生额的 100% 在税前加计扣除的有（　　）。

  A. 制造业企业自行研发新工艺的费用

  B. 科技型中小企业对自产软件产品的常规升级费用

  C. 高新技术企业自行研发产品的费用

  D. 制造业企业委托境内单位开展研发活动的费用

  E. 科技型中小企业自行开展研发活动的费用

9. 根据我国企业所得税法的有关规定，下列说法正确的有（　　）。

  A. 非居民企业不在我国缴纳企业所得税

  B. 非居民企业只就来源于中国境内的所得缴纳企业所得税

  C. 居民企业应就来源于中国境内外的所得缴纳企业所得税

  D. 在中国境内未设立机构场所的非居民企业来源于境外的所得，不缴纳企业所得税

10. 下列按 10% 的税率计算企业所得税的有（　　）。

  A. 小型微利企业

  B. 在中国境内虽设立机构、场所但取得所得与其机构、场所没有实际联系的非居民企业

  C. 在中国境内未设立机构、场所但有来源于中国境内所得的非居民企业

D. 在中国境内设立机构场所的非居民企业，来源于境外与其所设机构、场所有实际联系的所得

11. 下列收入中，属于企业所得税免税收入的有（　　）。

A. 企业投资者持有 2019～2023 年发行的铁路债券取得的利息收入

B. 2020 年期间，电影主管部门按照各自职能权限批准从事电影制片、发行、放映的电影集团公司取得的转让电影版权的收入

C. 居民企业直接投资于其他居民企业取得的投资收益

D. 非营利组织从事营利性活动取得的收入

12. 下列属于企业所得税不征税收入的有（　　）。

A. 企业根据法律、行政法规等有关规定，代政府收取的具有专项用途的财政资金

B. 符合条件的非营利组织的收入

C. 企业取得的，经国务院批准的财政、税务主管部门规定专项用途的财政性资金

D. 国债利息收入

13. 下列企业视同销售应缴纳企业所得税的有（　　）。

A. 企业将自产的货物分配给投资者

B. 企业将外购的货物用于对外投资

C. 企业将自产的原材料继续加工生产产品

D. 企业将外购的货物无偿赠送他人

14. 下列关于企业所得税收入的确定说法，正确的有（　　）。

A. 企业发生的商业折扣应当按扣除商业折扣后的余额确定销售商品收入金额

B. 企业发生的现金折扣应当按扣除现金折扣后的余额确定销售商品收入金额

C. 为特定客户开发软件的收费，应根据开发的完工进度确认收入

D. 采取产品分成方式取得收入的，按照企业分得产品的日期确认收入的实现

15. 下列关于企业所得税收入的表述正确的有（　　）。

A. 只允许取得会籍而收取的会员费，于取得时确认收入

B. 长期为客户提供重复的劳务收取的劳务费，在相关劳务活动发生时确认收入

C. 属于提供初始及后续服务的特许权费，在提供服务时确认收入

D. 企业以买一赠一等方式组合销售本企业商品的，赠品不

缴纳所得税

16. 下列属于我国企业所得税居民企业的有（　　）。

    A. 依法在我国境内成立的外商投资企业

    B. 在加拿大注册，但是实际管理机构在我国境内的企业

    C. 在香港注册且实际管理机构也在香港的企业

    D. 在美国注册成立且实际管理机构不在我国境内，但是在我国设立机构场所的企业

17. 根据企业所得税相关规定，关于企业亏损弥补的说法，正确的有（　　）。

    A. 境外营业机构的亏损可以用境内营业机构的盈利弥补

    B. 一般企业亏损弥补的年限最长不得超过 5 年

    C. 一般性税务处理下被分立企业的亏损不得由分立企业弥补

    D. 境内营业机构的亏损可以用境外营业机构的盈利弥补

18. 下列各项中，不可以在企业所得税前扣除有（　　）。

    A. 企业因自然灾害造成的财产损失

    B. 支付合同违约金

    C. 未取得合法有效的扣除凭证的支出

    D. 企业缴纳的税款滞纳金

19. 下列各项中，不属于企业所得税工资、薪金支出范围的有（　　）。

    A. 雇员年终加薪的支出

    B. 按规定为雇员缴纳社会保险的支出

    C. 为雇员提供的劳动保护费支出

    D. 向雇员支付加班工资支出

20. 下列关于企业所得税收入确认时间的表述正确的有（　　）。

    A. 企业转让股权收入，应于转让协议生效且完成股权变更手续时，确认收入的实现

    B. 股息、红利等权益性投资收益，除另有规定外，按照投资方做出利润分配决定的日期确认收入的实现

    C. 特许权使用费收入，按照合同约定的特许权使用人应付特许权使用费的日期确认收入的实现

    D. 接受捐赠收入，按照实际收到捐赠资产的日期确认收入的实现

21. 下列各项中，不得在企业所得税税前扣除的有（　　）。

    A. 自创商誉

    B. 外购商誉的支出

    C. 已足额提取折旧仍继续使用的固定资产

    D. 除房屋、建筑物以外的未投入使用的固定资产计提折旧

22. 下列收入暂不征收企业所得税的有（　　）。

    A. 对证券投资基金从证券市场中取得的收入

    B. 对投资者从证券投资基金分配中取得的收入

    C. 对证券投资基金管理人运用基金买卖股票、债券的差价收入

    D. 国债利息收入

23. 下列关于企业所得税实际征收率的表述中正确的有（　　）。

    A. 符合条件的小型微利企业取得的所得，实际征收率为10%

    B. 经认定的技术先进型服务企业，实际征收率为15%

    C. 在中国境内未设立机构、场所的非居民企业，取得的来源于中国境内的所得，实际征收率为10%

    D. 在中国境内设立机构、场所的非居民企业，取得与该机构、场所有实际联系的所得，实际征收率为15%

24. 下列项目所得，可以享受企业所得税"三免三减半"优惠政策的有（　　）。

    A. 符合条件的节能服务公司实施的合同能源管理项目所得

    B. 环境保护项目所得

    C. 国家重点扶持的公共基础设施项目所得

    D. 节能节水项目所得

    E. 资源综合利用项目所得

25. 下列关于企业所得税加速折旧优惠政策的说法，正确的有（　　）。

    A. 企业2024年3月新购进单位价值460万元的设备，应分年度计算折旧扣除，不得一次性计入当期成本费用税前扣除

    B. 选择一次性税前扣除的固定资产，应在投入使用月份的当月所属年度一次性税前扣除

    C. 固定资产加速折旧如采取缩短折旧年限方式的，不能低于规定折旧年限的60%

    D. 中小微企业2024年新购进的价值500万元以上的电子设备，可全额在当年一次性税前扣除

    E. 中小微企业2024年新购进的价值500万元以上的大型机器设备，可选择在当年一次性税前扣除价值的50%

26. 下列关于所得来源地确定方法的表述中，符合企业所得税法规定的有（　　）。

    A. 股权转让所得按照转出方（原投资方企业）所在地确定

    B. 销售货物所得按照交易活动发生地确定

    C. 不动产转让所得按照不动产所在地确定

    D. 特许权使用费所得按照收取特许权使用费所得的企业所在地确定

27. 注册地与实际管理机构所在地均在甲国的某银行，取得的下列各项所得中，应按规定缴纳我国企业所得税的有（　　）。

    A. 转让位于我国的一处不动产取得的财产转让所得

    B. 在香港证券交易所购入我国某公司股票后取得的分红所得

    C. 在我国设立的分行为我国某公司提供理财咨询服务取得的服务费收入

    D. 在我国设立的分行为位于乙国的某电站提供流动资金贷款取得的利息收入

28. 企业取得的下列各项收入中，应缴纳企业所得税的有（　　）。

    A. 债务重组收入

    B. 逾期未退包装物押金收入

    C. 企业转让股权收入

    D. 已做坏账损失处理后又收回的应收账款

29. 企业发生下列处置资产的情形中，不应当视同销售确认企业所得税收入的有（　　）。

    A. 将自产货物用于职工福利

    B. 将开发产品转为固定资产

    C. 将自产货物用于企业设备更新

    D. 将自产货物在境内总、分支机构之间调拨

30. 某民办学校计划按照非营利组织的免税收入认定条件，申请学费收入免征企业所得税。下列各项中，属于非营利组织免税收入认定条件的有（　　）。

    A. 依法履行非营利组织登记手续

    B. 工作人员工资福利开支控制在规定的比例内

    C. 投资人对投入该学校的财产不保留或者享有任何财产权利

    D. 财产及孳生息可以在合理范围内根据确定的标准用于分配

31. 企业取得的下列收入，属于企业所得税免税收入的有（　　）。

    A. 金融债券的利息收入

    B. 国债转让收入

    C. 从境内居民企业取得的权益性投资收益

    D. 持有上市公司流通股票1年以上取得的投资收益

32. 根据企业所得税法规定，下列保险费可以税前扣除的有（　　）。

　　A. 企业财产参加商业保险，按规定缴纳的保险费

　　B. 企业为投资者支付的商业保险费

　　C. 企业为职工支付的商业保险费

　　D. 企业依照有关规定为特殊工种职工支付的人身安全商业保险费

33. 企业因下列行为发生的借款费用，应当作为资本化支出核算的有（　　）。

　　A. 企业因购置无形资产发生的借款费用，在购置期间发生的合理借款费用

　　B. 企业因购置固定资产发生的借款费用，在购置期间发生的合理借款费用

　　C. 企业因建造固定资产发生的借款费用，在建造期间发生的合理借款费用

　　D. 为将经过 6 个月建造才能达到预定可销售状态的存货产生的借款费用，在建造期间内发生的合理借款费用

34. 下列各项中，在计算企业所得税应纳税所得额时不得扣除的有（　　）。

　　A. 企业之间支付的管理费

　　B. 企业内营业机构之间支付的租金

　　C. 企业向投资者支付的股息

　　D. 银行企业内营业机构之间支付的利息

35. 下列生物资产计提的折旧，可以在企业所得税前扣除的有（　　）。

　　A. 防风固沙林　　　　　　B. 经济林

　　C. 薪炭林　　　　　　　　D. 用材林

36. 下列说法中，属于长期待摊费用的有（　　）。

　　A. 租入固定资产的改扩建　　B. 提足折旧的固定资产

　　C. 固定资产大修理支出　　　D. 超过 12 个月设备维护费

37. 下列在会计上已作损失处理的除贷款债权外的应收账款损失中，可在计算企业所得税应纳税所得额时扣除的有（　　）。

　　A. 债务人死亡后其财产或遗产不足清偿的应收账款损失

　　B. 债务人逾期 1 年未清偿预计难以收回的应收账款损失

　　C. 与债务人达成债务重组协议后无法追偿的应收账款损失

　　D. 债务人被依法吊销营业执照其清算财产不足清偿的应收账款损失

38. 企业取得的下列所得中，可享受减半征收企业所得税优惠的有（　　）。

　　A. 海水养殖项目的所得　　　B. 种植薯类作物的所得

C. 牲畜饲养项目的所得　　D. 种植香料作物的所得

39. 下列关于研发费用加计扣除政策的表述中，符合企业所得税法规定的有（　　）。

4-2　第四章多项选择题答案

A. 企业委托境外机构研发的费用可全额计入研发费用加计扣除

B. 按规定对研发人员进行股权激励的支出可作为人员人工费用全额计入研发费用加计扣除

C. 委托关联企业开展研发活动发生的费用可按照实际发生额70%计入研发费用加计扣除

D. 临时聘用且直接参与研发活动临时工的劳务费用可全额计入研发费用加计扣除

三、判断题

1. 所得税方面，纯粹从税收角度来考虑，个体工商户的税负较私营企业稍重。　　　　　　　　　　　　　　　　（　　）

2. 在中国境内未设立机构、场所的非居民企业，不在中国境内纳税。　　　　　　　　　　　　　　　　　　　（　　）

3. 在分支机构发生亏损时，子公司比分公司可以享受更多的税收利益。　　　　　　　　　　　　　　　　　　（　　）

4. 选择分支机构时，还要考虑非税因素的影响。　　（　　）

5. 外国政府债券利息收入免征企业所得税。　　　　（　　）

6. 盈利企业兼并亏损企业，有助于实现盈利企业的规模化经营，但不能实现税收筹划的目标。　　　　　　　　　（　　）

7. 所得税类一般不存在转嫁问题，因此被称为间接税。（　　）

8. 某国有企业直接向某希望小学捐款，可以在计算应纳税所得额时扣除。　　　　　　　　　　　　　　　　　　（　　）

9. 企业在计算应纳税所得额时，其向非金融机构借款的利息支出可按实际发生数扣除。　　　　　　　　　　　　（　　）

4-3　第四章判断题答案

10. 外国企业在中国境内未设有机构、场所，但有来源于中国境内的所得时，应按我国税法规定缴纳所得税。　　（　　）

11. 《中华人民共和国企业所得税法》规定居民企业纳税义务人负有全面纳税义务，应就其来源于境内和境外的所得申报缴纳企业所得税。　　　　　　　　　　　　　　　　　　　（　　）

12. 综合利用资源，生产国家非限制和禁止并符合国家和行业相关标准的产品取得的收入，减按90%计入收入总额。（　　）

13. 在中国境内设有机构、场所且所得与机构、场所有关联的非居民企业适用20%的企业所得税税率。　　　　（　　）

14. 捐赠支出可以在计算企业所得税前予以扣除。　（　　）

15. 企业从事蔬菜种植的所得免征企业所得税。　　　（　　）

四、计算问答题

1. 某居民企业，2024 年度取得主营业务收入 56 000 万元，其他业务收入 3 000 万元，营业外收入 1 200 万元，投资收益 800 万元；同时发生主营业务成本 24 000 万元，其他业务成本 1 400 万元，营业外支出 1 300 万元；税金及附加 4 500 万元，管理费用 5 000 万元，销售费用 12 000 万元，财务费用 1 100 万元，企业自行计算实现年度利润总额 11 700 万元。全年已计入上述成本、费用的实发且合理的工资总额为 5 000 万元。其他具体业务如下：

a. 广告费支出 8 500 万元。

b. 发生的业务招待费 500 万元。

c. 违反法律被行政部门罚款 100 万元。

d. 工会经费发生额为 110 万元

e. 福利费发生额为 750 万元

f. 职工教育经费发生额为 140 万元。

要求：按下列序号计算回答问题，每问需计算出合计数。

问题（1）：计算广告费支出应调整的应纳税所得额。

问题（2）：计算业务招待费支出应调整的应纳税所得额。

问题（3）：计算罚款应调整的应纳税所得额。

问题（4）：计算工会经费应调整的应纳税所得额。

问题（5）：计算职工福利费应调整的应纳税所得额。

问题（6）：计算职工教育经费应调整的应纳税所得额。

问题（7）：计算企业 2024 年度应缴纳的企业所得税。

2. 某居民企业 2024 年度生产经营情况如下：

a. 产品销售收入 5 000 万元，与收入配比的销售成本 2 000 万元。

b. 销售费用 700 万元（其中广告费 500 万元、业务宣传费 20 万元）。

c. 管理费用为 600 万元（其中业务招待费 40 万元）。

d. 发生财务费用 80 万元。

e. 缴纳税金及附加 800 万元。

f. 营业外收入 200 万元，发生营业外支出 130 万元，其中含税收滞纳金 15 万元、被工商局罚款 5 万元。

已知：各项支出均取得合法有效凭证，并已作相应的会计处理，其他事项不涉及纳税调整。

要求：根据上述资料和企业所得税法律制度的规定，不考虑其他因素，分析计算下列各题。

问题（1）：该企业 2024 年度会计利润。

问题（2）：该企业2024年度广告费和业务宣传费支出应调整的应纳税所得额。

问题（3）：该企业2024年度业务招待费支出应调整的应纳税所得额。

问题（4）：该企业2024年度营业外支出应调整的应纳税所得额。

问题（5）：该企业2024年度应纳税所得额。

问题（6）：该企业2024年度应缴纳的企业所得税税额。

3. 某居民企业为制造业，2024年销售产品收入1 000万元，利润总额为250万元，已经按照规定预缴了企业所得税50万元，2025年2月会计师事务所受托对该企业2024年度纳税情况进行审核，获得如下资料：

a. 投资收益科目中包括转让国债收入25万元（其中含国债利息收入10万元），从境内未上市居民企业取得投资收益100万元。

b. 营业外支出科目中包括通过民政部门向灾区捐赠50万元，直接向某农村小学捐赠20万元；自然灾害净损失30万元。

c. 企业销售费用中含广告费185万元、给客户的回扣费用5万元（无法提供合理票据）；企业管理费用中包含业务招待费12.5万元、研发费50万元。

d. 2024年向境内某居民企业（非关联方）支付借款利息支出48万元，该笔利息的借款发生在2024年1月1日，借款金额530万元，约定借款期1年，金融机构同期同类贷款年利率为6%。

e. 企业于2024年12月接受其他单位捐赠的汽车一辆，取得普通发票上注明金额45万元，企业未进行任何账务处理。

要求：根据上述资料，回答下列问题。

问题（1）：计算业务a应调整的应纳税所得额。

问题（2）：计算业务b应调整的应纳税所得额。

问题（3）：计算业务c合计应调整的应纳税所得额。

问题（4）：计算业务d应调整的应纳税所得额。

问题（5）：计算企业应补缴的企业所得税。

4. 某医药制造企业（增值税一般纳税人）是国家需要重点扶持的高新技术企业，2024年取得了商品销售收入5 500万元，转让固定资产的净收益550万元，投资收益80万元；发生商品销售成本2 200万元，税金及附加120万元，发生销售费用1 900万元，管理费用960万元，财务费用180万元，营业外支出100万元，实现利润总额670万元，企业预缴企业所得税75万元。经注册会计师审核，发现2024年该企业存在如下问题：

a. 12月购进一台符合《安全生产专用设备企业所得税优惠目

录》规定的安全生产专用设备，取得增值税专用发票上注明价款 30 万元、增值税 3.9 万元，当月投入使用。

b. 管理费用中含业务招待费 80 万元，研发费 100 万元。

c. 销售费用中含广告费 800 万元，业务宣传费 300 万元。

d. 财务费用中含支付给银行的借款利息 60 万元（借款金额 1 000 万元，期限 1 年，用于生产经营）；支付给境内关联方借款利息 60 万元（借款金额 1 000 万元，期限 1 年，用于生产经营），已知关联方的权益性投资为 400 万元，此项交易活动不符合独立交易原则且该企业实际税负高于境内关联方。

e. 营业外支出中含通过公益性社会组织向灾区捐款 55 万元、向目标脱贫地区捐赠 10 万元，因违反合同约定支付给其他企业违约金 30 万元，因违反工商管理规定被工商局处以罚款 5 万元。

f. 投资收益中含国债利息收入 10 万元；从境外 A 国子公司分回税后收益 45 万元，A 国政府规定的所得税税率为 20%；从境外 B 国子公司分回税后投资收益 25 万元，B 国政府规定的所得税税率为 10%。

g. 已计入成本、费用中的全年实发合理的工资总额为 400 万元，实际拨缴的工会经费 6 万元，发生职工福利费 60 万元、职工教育经费 15 万元。

［其他相关资料：该企业选择"分国（地区）不分项"方式计算可抵免境外所得税税额和抵免限额，不考虑预提所得税］

要求：根据上述资料，回答下列问题。

问题（1）：计算该企业业务招待费应调整的应纳税所得额。

问题（2）：计算该企业研发费应调整的应纳税所得额。

问题（3）：计算该企业广告费和业务宣传费金额应调整的应纳税所得额。

问题（4）：计算该企业利息费用应调整的应纳税所得额。

问题（5）：计算该企业营业外支出应调整的应纳税所得额。

问题（6）：计算该企业工会经费、职工福利费和职工教育经费应调整的应纳税所得额。

问题（7）：计算该企业 2024 年度境内应纳税所得额。

问题（8）：计算该企业境外所得应在我国补缴的企业所得税。

问题（9）：计算该企业应补（退）企业所得税税额。

5. 设立在我国境内的某重型机械生产企业，由未在中国境内设立机构、场所的非居民企业持股 25%，2024 年全年主营业务收入 7 500 万元，其他业务收入 2 300 万元，营业外收入 1 200 万元，主营业务成本 6 000 万元，其他业务成本 1 300 万元，营业外支出 800 万元，可以扣除的相关税金及附加 420 万元，销售费用 1 800 万元，管理费用 1 200 万元，财务费用 180 万元，投资收益 1 700 万元。

当年发生的部分具体业务如下：

a. 当年 10 月将两台重型机械设备通过市政府捐赠给受灾地区用于公共设施建设，在"营业外支出"中已列支两台设备的成本及对应的销项税额合计 236.4 万元，每台设备市场售价为 140 万元（不含增值税）。

b. 当年 10 月向 95% 持股的境内子公司转让一项账面余值（计税基础）为 500 万元的专利技术，取得转让收入 700 万元，不考虑相关税费，该项转让业务已通过省科技部门认定登记。

c. 当年实际发放职工工资 1 400 万元，发生职工福利费支出 200 万元，拨缴工会经费 30 万元并取得专用收据，发生职工教育经费支出 25 万元，以前年度累计结转至本年的职工教育经费为 5 万元。

d. 当年发生广告费支出 1 505 万元，以前年度累计结转至本年的广告费为 15 万元。

e. 企业从事《国家重点支持的高新技术领域》规定项目的研究开发活动，对研发费用实行专账管理，发生研发费用支出 200 万元（含委托境外单位进行研发活动的委托研发费用 80 万元），未形成无形资产，计入当期损益。

f. 就 2024 年税后利润向全体股东分配股息 1 000 万元。

（其他相关资料：除非特别说明，各扣除项目均已取得有效凭证，相关优惠已办理必要手续，不考虑税收协定的影响）

要求：根据上述资料，按照下列顺序计算回答问题。

问题（1）：计算业务 a 应调整的应纳税所得额。

问题（2）：计算业务 b 应调整的应纳税所得额。

问题（3）：计算业务 c 应调整的应纳税所得额。

问题（4）：计算业务 d 应调整的应纳税所得额。

问题（5）：计算业务 e 应调整的应纳税所得额。

问题（6）：计算业务 f 应预提的企业所得税税额。

问题（7）：计算该企业 2024 年应纳企业所得税税额。

4-4 第四章计算问答题答案

五、案例分析题

【背景资料】

税惠政策助力因地制宜发展新质生产力

传统产业改造提升，新兴产业培育壮大，未来产业超前布局，向新而行、以新提质，河北正在焕发蓬勃生机。

近年来，全省税务部门坚持以政策激励、精准服务撬动企业研发动力和创新活力，引导各类要素资源向新产业、新模式、新动能聚集，更好地服务因地制宜发展新质生产力。

向新而行　助推新兴产业蓬勃发展

低反射陷光结构技术、选择性精密掺杂技术、低阻激光图形化接触技术……近几年，英利能源发展有限公司关键技术取得突破，并实现规模化应用推广。该公司推出的熊猫3.0系列高效组件备受关注。

"科技创新离不开资金保障。2023年，英利公司享受高新技术企业所得税减免等各项税费优惠1400万元，为持续进行核心技术研发提供了重要资金支持。"该公司财务负责人王亦逾表示。

作为"N型电池技术领跑者"，英利坚持不懈推进自主创新，成功突破了N型TOPCon（隧穿氧化层钝化接触）光伏电池产业化技术瓶颈，实现了产品全气候、全纬度实用化。

……

在鸡蛋壳上雕花，把金属零件严丝合缝地合二为一……近日，笔者走进廊坊精雕数控机床制造有限公司，高端数控机床的"魔术手"让人惊叹。目前，廊坊精雕已相继推出300多个型号的精雕机，具备"0.1微米进给、1微米切削、纳米级表面粗糙度"的加工能力，微米级加工工艺处于全球领先水平。

"好政策更要有好落实。当地税务部门帮助我们区分研发费用与经营费用，做好研发辅助账，政策享受更放心。2023年，公司预计可享受研发费用加计扣除金额3881.92万元。"该公司财务经理王俊梅介绍。

通过税费政策支持和精细辅导叠加，企业创新动力得到了有效激活。廊坊精雕每年将5%以上的收入用于研发，自主研发的五轴数控机床在新能源汽车、半导体、医疗器械等高端制造领域不断落地，实现了国产化替代和突破。JDGR200T、JDMR600两款五轴数控机床，更是创下了"国内首次两台机床同时获得成熟度最高等级9级认证"的纪录。

……

去年，石家庄四药有限公司突破技术难关，建设了年产6亿袋直立式软袋输液产品的数智化生产线。

"新品研发一直是我们公司非常重视的一项工作。"石家庄四药有限公司执行总裁孟国表示，作为国家制造业单项冠军企业，公司坚持创新投入，不断完善产品梯度开发，先后获批组建了国家企业技术中心、国家地方联合工程实验室、院士工作站、博士后科研工作站等高端研发创新平台。

"给力的税收支持政策为我们专注研发创新、培育单项冠军产品带来信心和底气。"孟国介绍，2023年，公司享受先进制造业5%加计抵减进项税2694万元，并通过研发费用加计扣除政策减免企业所得税达 2 334 万元。

转型升级　助推传统产业释放新动能

发展新质生产力不是忽视、放弃传统产业，而是要以新质生产力要素赋能传统产业，用新技术改造提升传统产业，推动传统产业高端化、智能化、绿色化发展。

在武安市新峰水泥有限责任公司，工业固废处置工厂 2 号原料大棚里，钢渣经过破碎、磨粉等工序可以变成钢渣粉，用于水泥、透水砖等产品的生产。把钢渣"吃干榨尽"，成为该公司绿色转型发展的增长点。

作为一家集水泥、余热发电、城乡生活垃圾及工业固废（危废）处理于一体的大型建材企业，新峰水泥大力发展循环经济，注重绿色转型和科技创新。

"近两年，我们积极与北京科技大学合作，研发低碳胶凝材料，挖掘到钢渣里藏着的'含金点'，为钢渣处置找到了新出路。同时，我们还与清华大学合作，对城乡垃圾废弃物进行一体化处置，使武安成为全国首家城乡生活垃圾和市政污泥 100% 无害化处置的县域城市，实现了由传统制造企业向环保生态型、社会服务型企业转型。"转型升级带来的成效让新峰水泥董事长田海奎感到非常自豪。

从传统生产型企业蝶变为发展循环经济、绿色建材、数字生态的新型企业集团，离不开国家政策的支持，其中，"减税—增加流动资金—加大技术改造—再减税"的良性循环有效激活了企业创新动能。近 3 年来，该公司累计享受环保税减免 525.75 万元、增值税即征即退 8 092 万元和研发费用加计扣除政策减免企业所得税 4 138 万元。

……

前瞻布局　助推未来产业向阳而生

当前，河北加快布局未来产业，在大数据、机器人、生命科学等新赛道上展现出强劲的发展动能。

……

日前，中信重工开诚智能装备有限公司的生产车间内，由其自主研发生产的数十台消防灭火机器人、矿用巡检机器人、防爆轨道巡检机器人组成的机器人"兵团"正整装待发。经过技术人员检测合格后，它们将被发往国内多个城市，参与生产作业。

作为国内特种机器人领域的领军企业，该公司加大自主研发力度，拥有 280 余项关键技术专利和全国唯一的国家级特种机器人工程研究中心，特种机器人产品在国内市场占有率达 70%。

各种支持创新的税收优惠政策为企业加快智能化转型提供了强大的动力。2023 年，开诚智能预计可享受研发费用加计扣除 4 596 万元，这将为企业研发创新提供更多资金保障。

......

干细胞、免疫细胞治疗是再生医学的重要部分，被认为是治愈癌症的新希望，成为生物领域研发的热点。

2020 年 12 月，承德合润生物科技有限公司投资 1 000 万元重点建设综合细胞库及区域细胞制备中心，并利用开发区标准化厂房进行医疗 PCR 检测设备、检测试剂盒、干细胞分离仪器生产及细胞药和医疗机器人研发生产、销售等。

"干细胞以及罕见病治疗领域专业性强，第三代免疫细胞 iNKT 疗法技术研发周期长，前期投入大，而且成果转化慢，稳定的资金链至关重要。"合润生物科技有限公司负责人高井华表示，"精准的税收优惠政策帮助我们降低了研发成本。截至目前，我们已享受了 300 余万元的研发费用加计扣除政策优惠"。

......

——摘自国家税务总局河北省税务局《河北：税惠政策助力因地制宜发展新质生产力》

【思考】

1. 企业所得税优惠政策在促进企业技术创新和研发投入方面发挥了怎样的作用？请结合文中企业案例进行说明。

2. 如何理解"好政策更有好落实"这一观点？在实施企业所得税优惠政策时，税务部门的精准服务对企业研发创新有何影响？

3. 企业所得税优惠政策在支持未来产业发展中扮演了什么角色？请结合文中提到的大数据、机器人、生命科学等领域的企业发展进行分析。

4-5 第四章案例分析题答案

第五章

个 人 所 得 税

一、单项选择题

1. 下列所得，不属于个人所得税"工资、薪金所得"应税项目的是（　　）。

    A. 个人兼职取得的所得

    B. 退休人员再任职取得的所得

    C. 任职于杂志社的记者在本单位杂志上发表作品取得的所得

    D. 个人在公司任职并兼任董事取得的董事费所得

2. 下列各项中，应当按照"特许权使用费所得"项目征收个人所得税的是（　　）。

    A. 作者去世后，财产继承人取得的遗作稿酬

    B. 个人取得特许权的经济赔偿收入

    C. 个人出租土地使用权取得的收入

    D. 个人发表摄影作品取得的所得

3. 个人从事下列业务取得的收入中，按"经营所得"项目缴纳个人所得税的是（　　）。

    A. 从事保险营销业务取得的佣金收入

    B. 从事任职单位商品代销取得的收入

    C. 从事证券经纪业务取得的佣金收入

    D. 从事彩票代销业务取得的收入

4. 根据《中华人民共和国个人所得税法》的规定，居民纳税义务人是指在中国境内有住所，或者无住所而在中国境内居住满（　　）天的个人。

    A. 183   B. 365   C. 90   D. 180

5. 个体工商户专营下列行业取得的所得，应缴纳个人所得税的是（　　）。

    A. 服务业   B. 饲养业   C. 养殖业   D. 种植业

6. 根据个人所得税法的相关规定，在中国境内无住所但取得境内所得的下列外籍个人中，2024 年度属于居民个人的是（   ）。

    A. M 国甲，从未来过中国，但 2024 年因持有中国某企业股权取得分配的股息

    B. N 国乙，2024 年 1 月 10 日入境，2024 年 5 月 10 日离境

    C. X 国丙，2024 年 1 月 10 日入境，2024 年 10 月 10 日离境，期间未离境

    D. Y 国丁，2024 年 1 月 10 日入境，2024 年 10 月 10 日离境，期间离境 100 天

7. 出租车驾驶员取得的下列收入属于工资薪金所得的是（   ）。

    A. 以缴纳管理费方式将本人出租车挂靠在出租车经营单位从事经营取得的收入

    B. 从事个体出租车运营取得的收入

    C. 从出租车经营单位承租出租车从事运营取得的收入

    D. 从出租车经营单位购买出租车从事运营取得的收入

8. 个人取得的下列所得，按"经营所得"项目计征个人所得税的是（   ）。

    A. 个人独资企业对外投资分得的股息、红利

    B. 合伙个人获得合伙企业购买且所有权登记在合伙个人名下的住房

    C. 个人股东获得居民企业购买且所有权登记在股东个人名下的车辆

    D. 合伙企业的个人投资者对外投资分得的股息、红利

9. 个人参加非任职企业举办的促销活动，取得主办方赠送的外购商品，其缴纳个人所得税的计税依据是（   ）。

    A. 外购商品同期同类市场销售价格

    B. 主管税务机关核定的价格

    C. 促销活动宣传海报上载明的赠品价格

    D. 外购商品的实际购置价格

10. 下列关于个人所得税的表述中，错误的是（   ）。

    A. 在中国境内无住所，且一个纳税年度内在中国境内居住累计满 183 天的个人，为居民个人

    B. 在中国境内无住所的个人，在一个纳税年度内在中国境内居住累计不满 183 天的，其来源于中国境内的所得，由境外雇主支付并且不由该雇主在中国境内的机构、场所负担的部分免税

    C. 在中国境内无住所的个人，在中国境内居住累计满 183 天

的任一年度中有一次离境超过 30 天的，其在中国境内居住累计满 183 天的年度的连续年限重新起算

  D. 在中国境内无住所的个人，在中国境内居住累计满 183 天的年度连续不满 6 年的，经向主管税务机关备案，其来源于中国境外且由境外单位或者个人支付的所得免税

11. 除国务院财政、税务主管部门另有规定外，居民个人的下列所得中属于来源于中国境内所得的是（ ）。

  A. 从境外企业取得的投资分红所得

  B. 境内单位普通员工在境外提供劳务取得的所得

  C. 将财产出租给境外企业在境内分公司使用取得的所得

  D. 将特许权使用权让渡给境外企业在境外使用取得的所得

12. 根据个人所得税相关规定，计算财产转让所得时，下列各项中准予扣除的是（ ）。

  A. 定额 800 元

  B. 定额 800 元或定率 20%

  C. 财产净值

  D. 财产原值和合理费用

13. 个人取得的下列所得，以一个月内取得的收入为一次计征个人所得税的是（ ）。

  A. 财产租赁所得   B. 经营所得

  C. 特许权使用费所得   D. 利息所得

14. 根据个人所得税法的相关规定，下列关于每次收入的确定，说法不正确的是（ ）。

  A. 非居民个人的劳务报酬所得，属于同一项目连续性收入的，以一个月内取得的收入为一次

  B. 财产租赁所得，以一个月内取得的收入为一次

  C. 偶然所得，以每次取得该项收入为一次

  D. 利息、股息、红利所得，以每月取得的收入为一次

15. 下列选项中，属于个人所得税"稿酬所得"征税范围的是（ ）。

  A. 记者在本单位刊物上发表文章取得的报酬

  B. 将国外的图书翻译出版取得的报酬

  C. 某知名画家按客户要求进行绘画取得的报酬

  D. 提供著作权而取得的报酬

16. 个人取得的下列所得，免征个人所得税的是（ ）。

  A. 转让国债的所得

  B. 提前退休发放的一次性补贴

  C. 按国家统一规定发放的补贴、津贴

D. 县级人民政府颁发的教育方面奖金

17. 阳光公司是个人独资企业，2024 年全年销售收入 20 万元，销售成本和期间费用 8 万元，其中业务招待费 1 万元，未发生综合所得。该个人独资企业 2024 年应预扣预缴的个人所得税为（　　）元。

  A. 5 400   B. 6 900   C. 32 500   D. 40 000

18. 赵先生受聘于一家财务咨询服务公司，2024 年每月领取工资 13 600 元，个人负担三险一金 2 500 元/月，申报专项附加扣除时，赵先生向单位报送的专项附加扣除信息如下：上小学的儿子一名、尚在偿还贷款的于 5 年前购入境内住房一套、年满 60 周岁的父母。已知赵先生是独生子，所购住房为首套住房，夫妻约定子女教育和住房贷款利息全额由赵先生扣除，财务咨询服务公司 1 月应为赵先生预扣预缴工资、薪金所得的个人所得税金额为（　　）元。

  A. 0   B. 3   C. 63   D. 75

19. 下列工资、薪金所得，免征个人所得税的是（　　）。

  A. 年终加薪

  B. 劳动分红

  C. 退休人员再任职收入

  D. 外籍人员取得任职单位的非现金住房补贴

20. 赵先生 2024 年 1 月的工资单由如下项目构成：基本工资 15 000 元，加班费 1 200 元，2024 年 12 月奖金 1 500 元，差旅费津贴 300 元，按规定扣缴的"三险一金"为 960 元。赵先生向单位报送的专项附加扣除信息如下：上小学的儿子一名，夫妻约定子女教育分别扣除，赵先生为独生子女，父亲年满 60 周岁。当月单位应预扣预缴赵先生个人所得税（　　）元。

  A. 706.2   B. 502.2   C. 607.2   D. 202.2

21. 赵先生为甲房地产公司的置业顾问，月工资 7 200 元，由于销售业绩显著，2024 年 1 月被评为公司优秀员工，获得去三亚旅游的机会，发生旅游费 8 000 元；当月企业从赵先生的工资中代其缴纳了五险一金 1 400 元，没有专项附加扣除项目。赵先生 2024 年 1 月应预扣预缴个人所得税（　　）元。

  A. 264   B. 0   C. 354   D. 216

22. 外籍个人从任职单位取得的下列补贴，应缴纳个人所得税的是（　　）。

  A. 按合理标准取得的境内外出差补贴

  B. 实报实销形式取得的伙食补贴

  C. 非现金形式取得的搬迁费

  D. 现金形式取得的住房补贴

23. 公民李某向其投资的企业（非个人独资企业、合伙企业）以企业资金为儿子购买汽车、住房，对于该借款的税务处理正确的是（   ）。

    A. 按照"经营所得"项目缴纳个人所得税

    B. 按照"股息、利息、红利所得"项目缴纳个人所得税

    C. 按照"工资、薪金所得"项目缴纳个人所得税

    D. 不缴纳个人所得税

24. 居民赵先生及妻子2024年发生的医疗费用支出，在扣除医保报销后的个人负担金额分别为2 000元和98 000元。赵先生综合所得年度汇算清缴时，可以税前扣除的大病医疗支出的最高金额为（   ）元。

    A. 80 000   B. 90 000   C. 75 000   D. 77 000

25. 计算个人所得税综合所得应纳税所得额时，下列支出中不得扣除的是（   ）。

    A. 个人购买的互助型医疗保险支出

    B. 个人缴付符合条件的养老金支出

    C. 个人缴付符合国家规定的企业年金支出

    D. 个人购买符合国家规定的商业健康保险支出

26. 个人下列所得，不属于应按"经营所得"缴纳个人所得税的是（   ）。

    A. 取得年终加薪

    B. 个人从事彩票代销业务而取得的所得

    C. 出租车属于个人所有，但挂靠出租汽车经营单位或企事业单位，驾驶员向挂靠单位缴纳管理费的

    D. 个人转包建筑安装工程取得的所得

27. 赵教授2025年3月因其编著的小说出版，获得稿酬16 000元，2025年3月又在另外一个出版社出版取得稿酬4 000元，该教授3月仅就稿酬所得应预扣预缴的个人所得税（   ）元。

    A. 1 252   B. 1 288   C. 2 240   D. 1 458

28. 赵先生2024年取得两次特许权使用费收入，一次收入为3 000元，另一次收入为8 000元。则赵先生取得的特许权使用费应预扣预缴的个人所得税为（   ）元。

    A. 1 720   B. 1 200   C. 1 340   D. 1 500

29. 2025年2月，赵先生将位于某市的一套商铺出租，月含税租金收入18 000元，2025年2月赵先生应缴纳个人所得税为（   ）元（不考虑地方教育附加和印花税）。

    A. 1 528   B. 1 856   C. 2 376   D. 2 400

30. 中国公民赵先生2024年1月起将位于某市的房屋出租给他人居住，租期一年，按市场价格每月收取不含税租金6 000元，9月

发生了修缮费 1 200 元，赵先生 2024 年租金收入应缴纳个人所得税
（　　）元（不考虑其他税费）。

  A. 5 270.8 B. 5 664 C. 4 464 D. 11 328

31. 赵先生通过拍卖行将一幅珍藏多年的字画拍卖，取得收入
600 000 元，主管税务机关核定赵先生收藏该字画发生的费用为
100 000 元，拍卖时支付相关税费 50 000 元。拍卖字画所得应缴纳个
人所得税（　　）元。

  A. 50 000 B. 70 000 C. 90 000 D. 100 000

32. 赵某于 2024 年 1 月初入职某上市公司，每月工资薪金收入
为 15 000 元，每月自行负担三险一金 1 500 元。2 月，赵某通过公益
性社会组织向小学捐款 2 000 元，就该笔捐赠支出赵某选择在工资薪
金预扣预缴时扣除。已知赵某 1 月已被预扣预缴个人所得税 255 元。
不考虑专项附加扣除和其他扣除项目，2 月赵某需预缴个人所得税
（　　）元。

  A. 195 B. 450 C. 510 D. 540

33. 扣缴义务人每月或者每次预扣、代扣的税款，应当在
（　　）缴入国库，并向税务机关报送《个人所得税扣缴申报表》。

  A. 次月 5 日内   B. 次月 7 日内

  C. 次月 10 日内   D. 次月 15 日内

34. 在一个纳税年度内仅取得经营所得的个人，在计算个人所得
税应纳税所得额时，只能在办理汇算清缴时减除的项目是（　　）。

  A. 专项扣除   B. 专项附加扣除

  C. 费用扣除   D. 依法确定的其他扣除

35. 2024 年 2 月，王先生利用业余时间为某企业提供劳务，取得
企业支付的报酬 5 000 元；同时在自己的工作单位取得工资薪金
10 800 元，可扣除的"三险一金"890 元，本月的工资以及社保情况
与 1 月份相同。王先生在省会城市租房，每月房屋租金支出 1 000
元，父母均满 60 岁，王先生单身且为独生子女。2 月两家企业合计
应预扣预缴王先生的个人所得税为（　　）元。

  A. 1 034.6 B. 1 705 C. 812.3 D. 1 405

36. 李某按市场价格出租住房，2024 年 5 月取得不含增值税的租
金收入 4 000 元，当月发生的准予扣除项目金额合计为 80 元，修缮
费用 1 300 元，均取得合法票据。李某当月应缴纳个人所得税为
（　　）元。

  A. 400 B. 312 C. 232 D. 174

37. 按照最新规定，个人所得税纳税人的子女接受全日制学历教
育的相关支出，按照每个子女每月（　　）元的标准定额扣除。

  A. 800 B. 1 000 C. 1 200 D. 2 000

5-1 第五章单项选择题答案

38. 2024 年 5 月王某通过拍卖行将一幅珍藏多年的字画进行拍卖，取得拍卖收入 600 000 元，拍卖过程中缴纳相关税费 20 000 元，经文物部门鉴定，该字画为海外回流文物，王某无法提供完整的财产原值凭证。王某取得的拍卖收入应缴纳个人所得税（　　）元。

 A. 12 000   B. 9 600   C. 18 000   D. 116 000

二、多项选择题

1. 下列各项所得中，应按"劳务报酬所得"项目征收个人所得税的有（　　）。

 A. 个人举办书法展览取得的所得

 B. 个人提供著作权的使用权取得的所得

 C. 个人将国外的作品翻译出版取得的所得

 D. 高校教师受出版社委托进行审稿取得的所得

 E. 个人将承包、承租的企事业单位转包、转租取得的所得

2. 下列各项中，应按照"工资、薪金所得"项目征收个人所得税的有（　　）。

 A. 企业支付给营销人员的年终奖金

 B. 企业支付给职工的过节费

 C. 个体工商户业主的工资

 D. 电视剧制作单位支付给本单位剧本作者的剧本使用费

 E. 企业支付给在本企业任职董事的董事费

3. 下列收入中，应按"财产租赁所得"缴纳个人所得税的有（　　）。

 A. 个人房产转租收入

 B. 个人将房产提供给债权人使用而放弃的租金收入

 C. 个人将非专利技术的使用权让渡给他人使用的收入

 D. 具有法人性质的私营企业将企业仓库对外出租而获得的租金收入

 E. 个体工商户业主将私有住房对外出租而获得的租金收入

4. 个人取得的下列所得中，按财产转让所得项目缴纳个人所得税的有（　　）。

 A. 提供非专利技术使用权取得所得

 B. 将自己的文字作品手稿原件公开拍卖取得所得

 C. 将祖传瓷器拍卖取得所得

 D. 转让合伙企业中财产份额取得所得

 E. 将抵债房产拍卖取得所得

5. 下列所得，应按"偶然所得"项目征收个人所得税的有（　　）。

    A. 个人购买体育彩票中奖 2 万元

    B. 个人获得父母无偿赠送的房产

    C. 个人购买商品的中奖奖金

    D. 个人因购物达到一定数量而获得抽奖机会的中奖所得

    E. 个人参加有奖竞答活动取得的奖金

6. 根据个人所得税法的相关规定，下列所得中，适用超额累进税率的有（　　）。

    A. 经营所得

    B. 非居民个人的劳务报酬所得

    C. 居民个人的综合所得

    D. 偶然所得

    E. 财产租赁所得

7. 根据个人所得税的有关规定，下列捐赠支出中，准予在个人所得税税前全额扣除的有（　　）。

    A. 个人通过非营利性社会团体对红十字事业的捐赠

    B. 个人直接对某学校的捐赠

    C. 个人通过国家机关向遭受严重水灾地区的捐赠

    D. 个人通过非营利性的社会团体向福利性老年服务机构的捐赠

    E. 个人通过国家机关向农村义务教育的捐赠

8. 下列关于专项附加扣除的说法，符合个人所得税相关规定的有（　　）。

    A. 住房贷款利息扣除的期限最长不得超过 240 个月

    B. 直辖市的住房租金支出的扣除标准是每月 1 500 元

    C. 同一学历的继续教育扣除期限不得超过 36 个月

    D. 赡养老人专项附加扣除的起始时间为被赡养人年满 60 周岁的当月

    E. 职业资格继续教育在取得相关证书的当年，按照 3 600 元标准定额扣除

9. 下列项目中，在计算个人所得税时可以扣除相关费用的有（　　）。

    A. 财产租赁所得

    B. 股息、红利所得

    C. 非居民个人取得的稿酬所得

    D. 偶然所得

10. 下列关于个人所得税计税依据的说法中，正确的有（　　）。

    A. 对工资、薪金所得涉及的个人生计费用，采取定额和定率扣除的办法

B. 对财产租赁所得，仅采用定率扣除办法

C. 对个体工商户的生产经营所得，采取会计核算办法扣除有关成本、费用等

D. 对偶然所得，不得扣除任何费用

11. 个人的下列应税所得中，可按月度税率表计算个人所得税的有（　　　）。

A. 非居民个人的工资、薪金所得

B. 居民个人单独计税的全年一次性奖金

C. 居民个人提前退休取得的一次性补贴

D. 非居民个人的劳务报酬所得、稿酬所得和特许权使用费所得

E. 居民个人达到国家规定退休年龄按月领取的年金

12. 根据公益慈善事业捐赠个人所得税的相关政策，下列说法正确的有（　　　）。

A. 捐赠股权、房产的，其捐赠支出金额按照个人持有股权、房产的公允价值确定

B. 非居民个人发生的公益捐赠支出，未超过其在公益捐赠支出发生的当月应纳税所得额30%的部分，可以从其应纳税所得额中扣除

C. 居民个人取得工资薪金所得的，其发生的捐赠支出可以选择在预扣预缴时扣除，也可以选择在年度汇算清缴时扣除

D. 居民个人取得劳务报酬所得、稿酬所得、特许权使用费所得的，其发生的捐赠支出可以在预扣预缴时扣除，也可以选择在年度汇算清缴时扣除

E. 居民个人发生的公益捐赠支出可以在财产租赁所得、财产转让所得、利息股息红利所得、偶然所得、综合所得或者经营所得中扣除。在当期一个所得项目中扣除不完的公益捐赠支出，可以按规定在其他所得项目中继续扣除

13. 依据个人所得税相关规定，个人的下列应税所得中，实行全员全额扣缴申报的有（　　　）。

A. 财产租赁所得　　　　　　　B. 经营所得

C. 财产转让所得　　　　　　　D. 劳务报酬所得

E. 特许权使用费所得

14. 根据个人所得税法的相关规定，下列各专项附加扣除在综合所得中扣除时，居民个人可以选择在预扣预缴时扣除，也可以选择在办理汇算清缴申报时扣除的有（　　　）。

A. 子女教育支出

B. 学历（学位）继续教育支出

C. 大病医疗支出

D. 赡养老人支出

E. 住房贷款利息支出

15. 下列各项中，不属于子女教育费用扣除范围的有（　　）。

A. 王先生因工作原因，将2岁10个月的女儿送去私立幼儿园发生的费用

B. 赵先生18周岁的儿子，高中毕业后去国外读大学发生的费用

C. 张先生的儿子，一边工作一边进行在职研究生的学习发生的费用

D. 夏先生为其2周岁的女儿报早教班发生的费用

16. 下列各项应按照"财产转让所得"项目征收个人所得税的有（　　）。

A. 个人转让自有小汽车取得的所得

B. 个人将其收藏的知名作家的作品手稿拍卖取得的所得

C. 个人将自己的文字作品手稿复印件拍卖取得的所得

D. 个人转让住房取得的所得

17 赵阿姨在足球世界杯期间参加下列活动所获得收益中，应当缴纳个人所得税的有（　　）。

A. 参加阳光电商的"秒杀"活动，以100元购得原价2000元的足球鞋一双

B. 为赴欧洲看球，开通手机全球漫游套餐，获赠价值1500元的手机一部

C. 参加月亮电台举办的世界杯竞猜活动，获得价值6000元的赴巴黎机票一张

D. 作为星星航空公司金卡会员被邀请参加世界杯抽奖活动，抽得市价2500元的球衣一套

18. 下列应税项目中适用代扣代缴纳税方式的有（　　）。

A. 偶然所得

B. 个人自基金公司取得股息

C. 稿酬所得

D. 个体工商户生产经营所得

19. 个人所得税取得综合所得且符合下列情形之一的纳税人，应当依法办理汇算清缴的有（　　）。

A. 纳税年度内预缴税额高于应纳税额

B. 取得劳务报酬所得，且综合所得年收入额减除专项扣除

的余额超过 6 万元

    C. 从两处以上取得综合所得,且综合所得年收入额减除专项扣除后的余额超过 12 万元

    D. 纳税人申请退税

20. 根据个人所得税法的规定,下列所得中,不论支付地点是否在中国境内,均来源于中国境内所得的有(　　)。

    A. 在中国境内转让动产以及其他财产取得的所得

    B. 在中国境内开展经营活动而取得与经营活动相关的所得

    C. 我国居民个人转让境外不动产取得的财产转让所得

    D. 由中国境内企事业单位和其他经济组织以及居民个人支付或负担的稿酬所得、偶然所得

21. 以下各项所得中适用 20% 个人所得税税率的有(　　)。

    A. 利息、股息、红利所得

    B. 合伙企业的生产经营所得

    C. 财产租赁所得

    D. 偶然所得

22. 根据个人所得税法的相关规定,下列各项表述正确的有(　　)。

    A. 居民个人取得利息、股息所得和偶然所得,适用 20% 的税率分别计算个人所得税

    B. 非居民个人当年收入类型为稿酬所得和特许权使用费所得,按纳税年度合并计算个人所得税,适用七级超额累进税率

    C. 非居民个人取得利息、股息所得和偶然所得,适用 20% 的税率计算

    D. 个人所得税居民个人当年收入类型为工资、薪金所得和劳务报酬所得,应按纳税年度合并计算个人所得税,适用七级超额累进税率

5-2　第五章多
项选择题答案

三、判断题

1. 在中国境内无住所,但是在中国境内居住累计满 183 天的年度连续不满 6 年的个人,其来源于中国境外的所得,经向主管税务机关备案,可以免征个人所得税。　　　　　　　　(　　)

2. 同一作品出版、发表后,因添加印数而追加稿酬的,应与以前出版、发表时取得的稿酬合并计算为一次,计征个人所得税。　　　　　　　　　　　　　　　　　　(　　)

3. 作者将自己的文字作品手稿原件或复印件拍卖取得的所得,按照"财产转让所得"项目适用 20% 税率缴纳个人所得税。(　　)

4. 个人取得的按国家统一规定发放的补贴、津贴免征个人所得税。　　　　　　　　　　　　　　　　　　（　　）

5. 居民个人的所得中，财产租赁所得应并入综合所得计税。

　　　　　　　　　　　　　　　　　　　　　　（　　）

6. 个人通过非营利性的社会团体和政府部门，对公益性青少年活动场所（包括新建）的捐赠，此公益性捐赠准予在应纳税所得额中全额扣除。　　　　　　　　　　　　　　　　（　　）

7. 省级人民政府、国务院部委和中国人民解放军军以上单位，以及外国组织、国际组织颁发的科学、教育、技术、文化、卫生、体育、环境保护等方面的奖金，免征个人所得税。　　　（　　）

8. 对个人投资者持有 2019～2027 年发行的铁路债券取得的利息收入，减按 70% 计入应纳税所得额计算征收个人所得税。　　（　　）

9. 纳税人照护 3 岁以下婴幼儿子女的相关支出，不得在计算个人所得税前扣除。　　　　　　　　　　　　　　　（　　）

10. 纳税人年满 3 周岁的子女接受学前教育和全日制学历教育的相关支出，按照每个子女每月 1 000 元的标准定额扣除。　（　　）

5-3　第五章判断题答案

四、简答题

1. 个人所得税的特点是什么？

2. 个人所得税有哪些征税项目？

3. 个人所得税的计税原理是什么？

4. 居民个人取得劳务报酬预扣预缴税款如何计算？是否需要进行汇算清缴？

5. 个人所得税专项附加扣除规定有哪些？

6. 经营所得中，个体工商户个人所得税的缴纳方法是怎样的？

7. 股权投资是当前投资的主要方式，居民个人取得股权和转让股权时应如何纳税？

5-4　第五章简答题答案

五、计算问答题

1. 中国居民赵某为某公司高层管理人员，2024 年有关涉税信息和收支情况如下：

a. 每月应发工资薪金为 20 000 元，公司每月为其负担的"五险一金"为 6 000 元，按规定标准为其扣缴"三险一金"为 4 000 元。

b. 2 月签订不动产租赁合同，将原值 400 万元的一套住房按市场价格出租，租期 3 年，约定 2 月 28 日交付使用，3 月 1 日起租，每月租金 5 000 元；12 月缴纳全年物业费 3 600 元。

c. 3 月取得劳务报酬收入 10 000 元，将其中 8 000 元通过市民政局捐给农村义务教育。

d. 与张某共同编著的图书于 4 月出版，5 月共取得稿酬收入 25 000 元，其中张某分得 20 000 元，赵某分得 5 000 元。

e. 6 月取得特许权使用费收入 2 000 元。

（其他相关资料：赵某无免税收入，从 2024 年 1 月开始每月享受专项附加扣除 3 000 元，取得各项综合所得时支付方已预扣预缴个人所得税，不考虑增值税和附加税费，发生的公益捐赠支出赵某选择在综合所得汇算清缴时扣除。）

（1）赵某 2022 年出租住房应缴纳个人所得税多少元？

（2）赵某 2022 年综合所得的计税收入额是多少元？

（3）赵某 2022 年综合所得应预扣预缴个人所得税多少元？

（4）赵某 2022 年综合所得应缴纳个人所得税多少元？

2. 中国公民孙某 2024 年 1~10 月在甲上市公司工作，12 月份跳槽至乙公司工作。2024 年取得的各项收入及支出如下：

a. 在甲公司任职期间，每月工资 15 000 元，含按国家标准缴纳的"三险一金"3 000 元。公司为其购买符合规定条件的商业健康保险，每月保费为 500 元。

b. 在乙公司任职期间，每月工资是 25 000 元，含按国家标准缴纳的"三险一金"5 000 元。12 月取得乙公司发放的年终奖 7 000 元。

c. 2021 年 1 月，甲企业授予孙某 10 000 股不可立即行权的股票期权，该股票期权的施权价为每股 5 元。2024 年 5 月 5 日，孙某按照规定行权 6 000 股，行权日该股票市场平均价格为每股 10 元。2024 年 8 月 30 日，孙某再次行权 4 000 股，行权日该股票市场平均价格为每股 12 元。

d. 7 月购入 A 债券 20 000 份，每份买入价 5 元，支付相关税费共计 1 000 元。12 月份卖出 A 债券 10 000 份，每份卖出价 7 元，支付相关税费共计 700 元。

（其他相关资料：孙某的儿子正在读小学，女儿未满 3 周岁，相关专项附加扣除均由孙某夫妻二人各按 50% 扣除，孙某已向单位报送其专项附加扣除信息。）

（1）甲公司应为孙某累计预扣预缴的税额是多少元？

（2）不考虑年终奖，乙公司应为孙某累计预扣预缴的税额是多少元？

（3）不考虑年终奖，孙某取得综合所得全年应缴纳的税额是多少元？

（4）孙某 2024 年两次股票期权行权所得应缴纳个人所得税多少元？

（5）孙某 2024 年 12 月转让债券所得应缴纳个人所得税多少元？

5 – 5　第五章计算问答题答案

六、案例分析题

案例一

多方媒体报道明星偷逃税事件①

2018 年 5 月 29 日，央视前主持人崔永元通过微博平台举报明星范冰冰签订"阴阳合同"获取高额片酬，引发网友的广泛关注，而内容的真实性不能保证，主流媒体没有进行相关报道。6 月 3 日，国家税务总局责成江苏等地税务机关进行调查，确定范冰冰凭借"阴阳合同"偷逃税款，主流媒体才接连进行报道。《无锡地税已介入崔永元微博爆料范冰冰涉税案调查》（法制网，2018 年 6 月 3 日）表示，范冰冰在无锡创办工作室，因此由当地税务局核查，并采访蔡道通教授，从真假两方面客观分析范冰冰确实存在偷逃税行为的后果，或是崔永元虚假举报的后果。9 月底，江苏省税务局官方发文，正式要求范冰冰在规定时间内将追缴的税款、滞纳金、罚款缴清，并在 10 月 3 日公布处罚结果。10 月 8 日，税务机关问责范冰冰偷逃税案件中，涉及的相关责任单位和相关责任人。事件的真实性得到确定，媒体纷纷展开相关报道，于是报道数量在第四个月达到顶峰。范冰冰偷逃税案件落幕一年后，乐视将范冰冰告上法庭，又引发社会对其关注。《范冰冰被乐视告上法庭！被追缴 8 亿税款后还剩多少资产？》（界面新闻，2020 年 9 月 2 日）回顾了范冰冰的个人的商业版图不断向外扩展的进阶之路，并对范冰冰偷逃税被罚后的现状进行简要报道。

郑爽偷逃税事件的经过与范冰冰较为类似，但也存在差异之处。2021 年 4 月 26 日，其前任张恒在微博平台爆料郑爽偷逃税的证据，两天后，上海市税务局第一稽查局开始调查此案，北京市广电局也开始调查郑爽出演的相关影视剧目及片酬。有了前车之鉴，媒体在跟进调查动态之外，也对该事件进行严肃评论。《新华网三句话评郑爽涉嫌签订阴阳合同被调查》（新华社，2021 年 4 月 29 日）以三句话一针见血地表示明星及合作者无视税法的恶劣影响。《顶风给郑爽 1.6 亿元片酬的北京文化真的不缺钱吗？》（界面新闻，2021 年 4 月 29 日）深度分析了给郑爽提供"天价片酬"的合作公司财政状况，引出另一个关注角度。2021 年 8 月 27 日，上海市税务局第一稽查局公布郑爽偷逃税案的处罚结果，要求郑爽追缴税款，并加收滞纳金，共计处罚 2.99 亿元，而此时报道的焦点并非仅是郑爽的处罚结果，还有郑爽偷逃税行为的曝光者张恒。《上海市税务局：张恒涉嫌帮助郑

---

　　① 案例来源：曹竞文. 建设性新闻视角下明星偷逃税报道研究［D］. 中南财经政法大学，2023. DOI：10. 27660/d. cnki. gzczu. 2023. 000796.

爽偷逃税款，被立案检查》（中国新闻网，2021年8月27日）表示，经过税务部门的检查，举报人张恒作为郑爽"天价片酬"项目的经纪人，涉嫌策划拆分合同等事宜，帮助郑爽偷逃税，对其立案侦查。两个月后，张恒的调查结果也公布于众，被罚款3227万元。"贼喊捉贼"的事件完结后，郑爽偷逃税案不再成为媒体报道的主题，但在后续网络主播偷逃税等案件中会再次提及。

邓伦偷逃税案件的报道可谓是"速战速决"。与前两位不同，邓伦偷逃税没有知情人举报，而是根据大数据查税获取线索并调查，发现邓伦涉嫌偷逃税款，并依法查处。因此，邓伦偷逃税案件一公布就有结果。2022年3月15日，国家税务总局进行案件通报后，各路媒体火速展开报道。《邓伦偷逃税被重罚过亿元！多个其曾代言品牌方忙"切割"》（《经济日报》，2022年3月15日）等报道全面分析邓伦的商业版图，以及其代言的多个品牌迅速解约，不仅事业道路走向尽头，还要再给品牌方加以赔偿。也有不少媒体对此案件进行批评，如《人民日报评邓伦偷逃税：整改不彻底就要彻底被整改》（人民日报评论，2022年3月15日）记者首先表明论点：艺人偷逃税是不折不扣的违法行为，应得到处罚，随后便进一步解释邓伦被立案调查的原因是其被提醒督促后仍整改不彻底，引导公众思考税收工作的未来发展，树立正确的纳税观念。

【思考】

1. 逃避缴纳个人所得税将对个人及国家造成何种影响？

2. 国家为什么要对检举纳税人税收违法行为进行奖励？

3. 针对案例所述情况，为了更好地建设祖国，思考应如何进一步加强税收征收管理？

案例二

【背景资料】

高收入高净值人士税收管理问题探讨①

高收入和高净值是两种不同维度的分类标准。高收入是流量指标，一般指自然人一个纳税年度内各项所得（收入）的金额比较高；高净值则是存量资产，一般指自然人拥有较大额度（规模）的各种资产。从高收入和高净值两个维度出发，可将自然人划分为"高收入非高净值""高收入高净值""高净值非高收入""非高收入非高净值"四类。高收入自然人主要涉及个人所得税，其税收事项可控

---

① 案例来源：国家税务总局安徽省税务局课题组，陈文东，刘和祥，等. 高净值自然人税收风险管理国际比较与经验借鉴［J］. 国际税收，2024（1）：60-68. DOI：10. 19376/j. cnki. cn10-1142/f. 2024. 01. 006.

程度较高。高净值自然人一般具有较强的资本获利、增值、变现和支付能力，其在资产的持有和处置过程中，不仅可能涉及复杂多变的税收事项，还因其有着较强的税收筹划能力而具有更高的涉税风险。

目前，我国还缺乏明确的高净值自然人分类标准以及配套的税收征管规则。对此，国内学术界一般有三种划分意见，包括可投资资产标准、金融资产标准和个人总资产或收入标准。例如，刘娇（2019）、窦晓飞（2020）等将可投资资产超过 600 万元作为界定高净值自然人的标准。李林瑞（2020）、招商银行和贝恩公司等将这一标准界定为 1 000 万元。高皓（2021）认为，高净值自然人一般指可投资金融资产在 100 万美元以上的个人。李菁（2021）、马念谊（2017）等则认为，界定高净值自然人的标准为资产 1 亿元或年收入1 000 万元以上的个人。总之，在我国高净值自然人的界定标准尚未形成共识。

各国高净值自然人界定标准不一。

《世界财富报告2021》将高净值自然人定义为可投资净资产 100万美元以上的自然人，净资产是指储蓄现金、股票、债券、投资性房地产、保险、私募股权基金等金融资产加上主要住宅、收藏品等固定资产扣除负债后的余额。在具体实践中，各国因税制差异较大，对高净值自然人的界定标准不尽相同。《税收管理2015：OECD 和其他发达经济体与新兴经济体的比较信息》提供的资料显示，各国大致有三种划分高净值自然人类型的标准：一是仅以持有资产作为标准，如英国、加拿大、澳大利亚等；二是兼顾收入和资产作为标准，如美国、葡萄牙、罗马尼亚等；三是综合考虑资产、收入、纳税、与大企业的关联关系等因素作为标准。

近年来，我国对高净值自然人的税收征管能力不断提升。由于数字经济快速发展、纳税人收入来源日趋多元化等原因，我国高净值自然人的税收征管也不断面临着新的挑战。

我国高净值自然人税收征管制度的发展情况。随着税收征管改革的持续推进和个人所得税制度逐步完善，我国高净值自然人税收征管实践探索不断突破。

一是监管重点由"高收入者"向"高收入、高净值自然人"转变。近年来，我国高收入居民人均可支配收入在不断增长，2000 年为 11 299 元，2010 年为 41 158 元，2019 年为 76 401 元，2020 年为 80 249 元，2021 年为 85 836 元，高收入人群的构成也由"规模较大的私营企业主、个人独资企业和合伙企业投资者，个体工商大户"等 9 类人群向"股权（限售股）和房屋转让、利息股息红利所得个人、规模较大的独资合伙企业和个体工商户以及外籍个人"转变。2018 年修订的《中华人民共和国个人所得税法》（以下简称《个人所得税法》）完善了个人所得税监管重点相关政策。2021 年，中共中央办公厅、国务院办公厅印发的《关于进一步深化税收征管改革的意见》提出"健全以'数据集成＋优质服务＋提醒纠错＋依法查处'为主要内容的自然人税费服务与监管体系。依法加强对高收入高净值人员的税费服务与监管"。这些改革顺应了我国高净值自然人数量不断增长的历史发展趋势，监管重点逐渐由"高收入者"向"高收入、高净值自然人"转变。

二是监管方式由完善扣缴制度、实行核定征收向明确纳税义务、规范自主申报转变。20 世纪末 21 世纪初，由于我国企事业单位的信息化水平普遍不高、税务机关征管能力不足，对个体工商户基本依靠定期定额核定征收。随着税收信息化的发展，2005 年我国开始构建全员全额扣缴申报制度，按照"先重点后一般、先管理后规范"的方式全力推进全员全额扣缴申报管理。2006 年开始建立个人所得税自行纳税申报制度，要求年所得 12 万元以上的纳税人自行申报。2018 年修订的《个人所得税法》确立了综合与分类相结合的个人所得税制度，实行全员扣缴与依法申报相结合的征管模式，完善了弃籍征税制度和跨境税收抵免制度。随后，我国进一步明确对持有股权、股票、合伙企业财产份额等权益性投资的独资合伙企业一律适用查账征收，在体现税收公平的同时更加明晰了征纳双方的权利义务。经过一系列改革，我国个人所得税监管方式由完善扣缴制度、实行核定管理向明确纳税义务、规范自主申报转变。

三是监管体系由主管税务机关独立管理向分类分级管理转变。随着经济社会的不断发展，我国高净值自然人收入来源广、地域跨度大、所得类型多的特点日益突出，传统以主管税务机关为主的属地管理模式不能很好地适应纳税环境的变化。2015 年，中共中央办公厅、国务院办公厅印发的《深化国税、地税征管体制改革方案》提出"对自然人纳税人按收入和资产实行分类管理"。2016 年，国家税务总局印发的《纳税人分类分级管理办法》提出，根据国家税务总局确定的标准，将自然人按照收入和资产划分为高收入、高净值自然人和一般自然人，分别由国家税务总局和省以下税务机关实施分类管理，并鼓励各省积极探索自然人税收管理办法。

我国高净值自然人征管制度有待进一步完善。

从税收遵从上看，高净值自然人的所得来源和资产类型比一般自然人更为广泛多样、隐蔽性强，还可能涉及全球范围内的跨境资产配置，税务监管难度较大。一是滥用核定征收"筹划"避税。审计署在 2021 年 12 月公布的《国务院关于 2020 年度中央预算执行和其他财政收支审计查出问题整改情况的报告》中指出"高收入人员套用核定征收方式逃税问题"。对此，国家税务总局核查了有关人员逃避税的主要方式，通过深入分析论证和评估，研究确定了纳税调整和追征税款的处理方式，加强对个人股权转让逃避税的监管，增设日常监控指标，提高精准监管能力。二是编造虚假合同隐匿收入。高净值自然人可采取"阴阳合同""拆分合同"等方式掩饰真实交易，征管部门较难掌握真实交易信息，容易出现逃避税行为。三是将个人收入、费用与所持企业混同。高净值自然人利用其所持有公司，将个人收入转为公司收入，将个人费用充作公司费用，长期不进行利润分配，达到避税目的。四是改变收入性质逃避纳税义务。高净值自然人通常将个人劳务报酬转为个体工商户收入，以此达到减少应纳税额的目的，如某些网络主播涉税案件。五是通过信托或离岸金融账户等进行多样化跨境避税，如利用国际避税地避税等。

从政策制度上看，有关高净值自然人其他项目所得的税收政策有待明确。一是合伙企业税收政策不够明确。如非溢价发行股票形成资本公积转增持股平台（合伙企业）股本、部分合伙人转让持有股权或退伙等的所得税政策不够明晰，可能导致上市公司持股平台（合伙企业）通过非交易过户方式逃避纳税等。二是股权转让个人所得税风险偏高。如股权转让中平价、低价转让现象普遍，但税务机关难以监控股权转让的实际价格。三是部分所得暂免征税政策范围过大。税法规定的个人转让股票所得暂免征收个人所得税，但对高净值自然人中的职业股民转让股票所得仍暂免征收个人所得税则有失公平。四是对数字资产缺乏有效监管。近年来，数字资产得到众多投资者的青睐，但由于目前对数字资产的确权和计量存在较大争议，在税收制度上尚没有明确的征管规定。

从征管机制上看，高净值自然人税收征管制度体系有待完善。一是缺乏专业化税收管理机构。我国税务部门正在有序完善自然人税收征管制度体系，尚没有针对高净值自然人涉税的特点设置专门的服务监管机构、配备专职税收风险管理人员，也就无法形成有针对性的税源风险监控机制。二是以大数据为主体的风险分析技术应用不足。我国税务部门将"大智云移区物"等先进信息技术运用于高净值自然人税收风险的经验还不足，风险分析局限于税种勾稽比对的浅层上，尚未形成与资产相关的第三方信息以及企业相关财税信息交叉分析的多维指标体系。三是涉税信息获取机制亟待完善。目前，我国税务机关对同一高净值自然人的申报收入、财产、税收等信息尚未实现整合归集。同时，第三方信息获取机制不够完善，虽然《个人所得税法》第十五条规定："公安、人民银行、金融监督管理等相关部门应当协助税务机关确认纳税人的身份、金融账户信息。教育、卫生、医疗保障、民政、人力资源社会保障、住房城乡建设、公安、人民银行、金融监督管理等相关部门应当向税务机关提供纳税人子女教育、继续教育、大病医疗、住房贷款利息、住房租金、赡养老人等专项附加扣除信息。"但相关信息未涉及高净值自然人风险管理过程中所需要的土地、房产、股权、车辆等信息。四是个人纳税信用体系建设有待加强。目前，我国对高净值自然人纳税失信惩戒机制还不完善，失信成本较低。实施税务制裁不足难显威慑作用。在税务实践中，稽查部门对于高净值自然人的税收违法行为一般要求补缴税款和滞纳金，很少移交司法部门，个别高净值自然人对逃脱税收追责存在侥幸心理。

5-6 第五章案例分析题答案

【思考】

1. 针对现实生活中的洗钱、逃税事件，在今后应如何加强对高收入和高净值人士的个税管理？

2. "双高"人士应如何防范税务风险？

第六章
城市维护建设税和烟叶税

一、单项选择题

1. 关于城市维护建设税的特点，下列说法正确的是（   ）。

    A. 具有独立的征税对象

    B. 根据城建规模设计地区差别定额税率

    C. 以应缴纳的增值税、消费税税额之和为计税依据

    D. 征收范围较广

2. 城市维护建设税采用的税率形式是（   ）。

    A. 产品比例税率　　　　　B. 地区差别比例税率

    C. 有幅度的比例税率　　　D. 行业比例税率

3. 下列各项中，应计入城市维护建设税计税依据的是（   ）。

    A. 境外单位向境内销售服务缴纳的增值税

    B. 纳税人因欠缴税款被处以的罚款

    C. 生产企业出口货物实行免、抵、退税办法，当期免抵的增值税税额

    D. 退还的增值税期末留抵税额

4. 某市区甲企业为增值税一般纳税人，当期销售货物实际缴纳增值税30万元、消费税15万元，进口货物缴纳进口环节增值税2万元。该企业当期应缴纳城市维护建设税（   ）万元。

    A. 2.25　　　B. 3.01　　　C. 3.15　　　D. 3.29

5. 下列关于城市维护建设税适用税率的说法中，正确的是（   ）。

    A. 行政区划变更的，自变更完成次月起适用新行政区划对应的城市维护建设税税率

    B. 纳税人预缴增值税时，按纳税人机构所在地的适用税率计

算缴纳城市维护建设税

    C. 由受托方代收、代扣增值税、消费税的，按纳税人机构所在地的适用税率计算缴纳城市维护建设税

    D. 流动经营等无固定纳税地点的单位和个人，按纳税人缴纳增值税、消费税所在地的规定税率就地缴纳城市维护建设税

6. 位于 A 市的甲建筑企业为增值税一般纳税人，2023 年 5 月在 B 县提供建筑服务取得含税收入 5 000 万元，支付给分包商的含税价款为 2 000 万元，该业务适用增值税一般计税方法，则甲建筑企业应在 B 县预缴城市维护建设税（　　　）万元。

    A. 4.59   B. 2.75   C. 12.39   D. 3.85

7. 下列关于城市维护建设税的说法中，正确的是（　　　）。

    A. 城市维护建设税原则上不单独规定减免税

    B. 期末留抵退税退还的增值税期末留抵税额不得在计税依据中扣除

    C. 增值税实行即征即退的，一律退还城市维护建设税

    D. 生产企业出口货物实行免、抵、退税的，经税务局正式审核批准的当期免抵的增值税税额应在城市维护建设税的计税依据中扣除

8. 根据《中华人民共和国烟叶税法》的相关规定，下列说法错误的是（　　　）。

    A. 烟叶税的征税对象不包括晾晒烟叶

    B. 烟叶税的纳税地点为烟叶收购地

    C. 烟叶税的纳税义务发生时间为收购烟叶的当天

    D. 烟叶税的纳税人是收购烟叶的单位

9. 某烟厂收购烟叶，支付给烟叶销售者收购价款 600 万元，开具烟叶收购发票。该烟厂应缴纳烟叶税（　　　）万元。

    A. 110.09   B. 120   C. 121.10   D. 132

10. 某烟草公司于 2024 年 8 月 8 日支付烟叶收购价款 88 万元，另向烟农支付了价外补贴 10 万元。该烟草公司 8 月收购烟叶应缴纳的烟叶税为（　　　）万元。

    A. 17.60   B. 19.36   C. 21.56   D. 19.60

6-1　第六章单项选择题答案

二、多项选择题

1. 下列关于教育费附加的说法，正确的有（　　　）。

    A. 海关对进口货物代征的进口环节增值税和消费税不计算缴纳教育费附加

    B. 对小规模纳税人免征教育费附加和地方教育附加

C. 对国家重大水利工程建设基金免征教育费附加

D. 延期纳税而补缴的增值税、消费税，教育费附加和地方教育附加也应补缴

2. 下列不属于城市维护建设税计税依据的有（　　）。

A. 进口货物缴纳的增值税

B. 进口环节缴纳的关税

C. 境外单位和个人向境内销售劳务缴纳的增值税

D. 减免的增值税、消费税

3. 下列关于城市维护建设税计税依据的表述中，正确的有（　　）。

A. 境外向境内提供服务的，境内单位在代扣代缴增值税的同时，应代扣代缴城市维护建设税

B. 城市维护建设税的计税依据应当按照规定扣除纳税人收到的留抵退税额

C. 城市维护建设税的计税依据应当按照规定扣除出口业务的增值税免抵税额

D. 纳税人被查补消费税时，应同时对查补的消费税补缴城市维护建设税

4. 下列各项中，不属于城市维护建设税的计税依据的有（　　）。

A. 纳税人出口货物缴纳的消费税

B. 纳税人实行即征即退办法退还的增值税

C. 纳税人缴纳的进口环节增值税

D. 纳税人按相关规定依法享受减免的增值税

5. 下列各项中，符合城市维护建设税法律制度规定的有（　　）。

A. 一般而言，纳税人应在缴纳增值税、消费税的地点缴纳城市维护建设税

B. 城市维护建设税的纳税义务发生时间与增值税、消费税的纳税义务发生时间一致

C. 城市维护建设税以一个月为纳税期限

D. 在我国境内，对个人发生应税行为缴纳的增值税，无须缴纳城市维护建设税

6. 下列关于城市维护建设税的表述中，正确的有（　　）。

A. 纳税人所在地行政区划变更的，自变更完成次月起适用新行政区划对应的适用税率

B. 对于增值税小规模纳税人查补此前按照一般计税方法确定的城市维护建设税计税依据，可以扣除尚未扣除完的留抵退税额

C. 留抵退税额仅允许在按照增值税一般计税方法确定的城市维护建设税计税依据中扣除

D. 对增值税免抵税额征收的城市维护建设税，纳税人应在税务机关核准免抵税额的下一个纳税申报期内向主管税务机关申报缴纳

7. 2024 年 7 月，位于市区的某烟草公司向乙县某烟叶种植户收购了一批烟叶，收购价款 90 万元、价外补贴 9 万元。下列关于该笔烟叶交易涉及烟叶税征收管理的表述中，符合税法规定的有（　　　）。

A. 纳税人为烟叶种植户

B. 烟叶税应纳税额为 19.8 万元

C. 应向乙县主管税务机关申报纳税

D. 烟叶税的计税依据为 99 万元

6-2　第六章多项选择题答案

三、判断题

1. 某县城高尔夫球具制造厂受托为某市区企业加工制造一批高尔夫球具礼品，其代收代缴城市维护建设税的税率为 7%。（　　）

2. 流动经营等无固定纳税地点的，按缴纳增值税、消费税所在地的规定税率计算缴纳城建税。（　　）

3. 中国铁路总公司应纳城市维护建设税的税率统一为 5%。（　　）

4. 各级银行及营业所取得的收入，分别在营业所的所在地缴纳城建税及附加。（　　）

5. 城市维护建设税随"二税"的减免而减免，因减免税而对"二税"进行退库的，可同时对已征收的城市维护建设税实施退库。（　　）

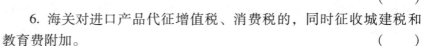

6. 海关对进口产品代征增值税、消费税的，同时征收城建税和教育费附加。（　　）

7. 外籍个人不缴纳教育费附加和地方教育附加。（　　）

8. 纳税人以实际缴纳的增值税、消费税税额为计税依据缴纳教育费附加和地方教育附加。（　　）

6-3　第六章判断题答案

9. 查处没收违法收购的烟叶，由没收烟叶的单位按照购买金额缴纳烟叶税。（　　）

10. 纳税人应当向烟叶收购地的主管税务机关申报缴纳烟叶税。（　　）

四、简答题

6-4　第六章简答题答案

1. 简述城市维护建设税的特点。

2. 分别简述城市维护建设税、教育费附加以及烟叶税的纳税人。

3. 简述城市维护建设税的征免规定。

五、计算问答题

1. 位于 A 市甲卷烟厂委托位于 B 县的乙烟丝加工厂加工一批烟丝，委托方提供烟叶成本为 60 000 元，支付加工费 8 000 元（不含增值税），受托方无同类烟丝的市场销售价格。要求计算受托方应代收代缴的城建税为多少元（烟丝消费税税率为 30%）。

2. 位于市区的长河企业为增值税一般纳税人，自营出口自产货物。6 月应纳增值税 320 万元，出口货物"免抵退"税额 380 万元；本月税务检查时发现，上年销售自产应税消费品收入 100 万元未入账，被查补消费税（税率 5%），并处以滞纳金和罚款共计 1 万元。该企业 6 月应纳城市维护建设税多少万元？

3. 甲企业为位于市区的增值税一般纳税人，2023 年的税务情况如下：

a. 9 月申报缴纳增值税 560 万元。当月已核准增值税免抵税额 80 万元（其中涉及出口货物 60 万元，涉及增值税零税率应税服务 20 万元），收到增值税留抵退税款 270 万元。

b. 10 月申报缴纳增值税 250 万元（其中按照一般计税方法计算的税额 180 万元，简易计税方法计算的税额 70 万元）。

c. 11 月申报缴纳的增值税 230 万元（均为按照一般计税方法计算的税额）。

d. 12 月申报期间申请退还了多缴的增值税 100 万元，消费税 30 万元。同时当月享受增值税即征即退税款 60 万元。

要求：

根据上述资料，按照下列序号回答问题，如有计算需计算出合计数。

问题（1）：计算甲企业 9 月应缴纳的城市维护建设税。

问题（2）：计算甲企业 10 月应缴纳的城市维护建设税。

问题（3）：计算甲企业 11 月应缴纳的城市维护建设税。

问题（4）：计算甲企业 12 月应退的城市维护建设税。

6-5　第六章计算问答题答案

六、案例分析题

案例一

【背景资料】

城市维护建设税立法

十三届全国人大常委会第二十一次会议 8 月 11 日表决通过的这两部税法，进一步推进了我国"税收法定"的进程。

与城建税暂行条例相比，城建税法有哪些变化？财政部税政司司长王建凡介绍，城建税法取消了专项用途规定。

"随着预算制度的不断改革，自2016年起城建税收入已由一般公共预算统筹安排，不再指定专项用途。同时，考虑税收分配和使用属于财政体制和预算管理问题，一般不在税法中规定，因此，城建税法不再规定城建税专项用途。"王建凡说。

同时，城建税法增加了增值税留抵退税涉及城建税的相关规定。

王建凡说，为避免增加留抵退税企业的负担，2018年，财政部、税务总局发文明确，对实行增值税期末留抵退税的纳税人，允许其从城建税的计税依据中扣除退还的增值税税额。城建税法将现行规定上升为法律，明确从城建税的计税依据中扣除期末留抵退税退还的增值税税额。

此外，为规范城建税的征管，城建税法明确规定了城建税的纳税义务发生时间、扣缴义务人、扣缴义务发生时间。

为不增加纳税人税负，城建税立法平移了现行税率规定。考虑到城建税属于地方税，各地实际情况有所不同，城建税法没有对纳税人所在地作统一规定，授权各省、自治区、直辖市具体确定。

"确定纳税人所在地是为了确定城建税具体适用税率，与纳税地点不是一个概念，如海洋油气勘探开发所在地在海上，不属于市区、县城或者镇，适用1%税率，但其纳税地点不在海上。"王建凡说。

案例来源：中国税务报。

【思考】

1. 请结合案例，查阅相关资料，总结一下城市维护建设税法立法前后的区别。

2. 城市维护建设税法的落地，标志着我国"税收法定"进程更进一步，请联系本案例，谈谈税收法定对建设"法治中国"的积极意义。

案例二

【背景资料】

烟叶税的那些事儿

（一）烟叶税立法

2017年12月27日，十二届全国人大常委会第三十一次会议27日表决通过了《中华人民共和国烟叶税法》。该法共计十条，总体上是按照"税负平移"原则，由烟叶税暂行条例平移上升为法律，保持了现行税制框架，税率保持20%不变。

烟叶税的诞生既是税制改革的结果，也是国家对烟草实行"寓禁于征"政策的延续。农村税费改革后，基层政府的财力受到了较大的削弱，特别是对经济发展相对落后的西部地区来说更是雪上加霜。在一些地方基层政府独享税种税源零散、收入少、征管难，还不能承担财政支出的情况下，烟叶税作为一个与地方经济发展、产业结构紧密相关的特色税种理应得到发展和壮大。

烟叶税独立征收后，其性质由农业税变为商品税，烟叶收购中所开具的发票成为增值税抵扣的依据，使烟叶税与增值税的征收紧密相连，但它又延续了烟叶特产税的税收分配办法，其收入全部归地方政府。这不但起到稳定地方财政收入的效果，也有利于充分调动地方政府发展特色经济的积极性。其次，烟叶种植主要分布在贫困的边远山区。据统计，全国 510 个种烟县中有 185 个县属国家扶贫开发重点县，其他有相当一部分属省级扶贫县，这些地区商品经济发展滞后，工业基础薄弱，且引资能力较差，传统的商品税难以发展成为地方支柱税种。最后，烟草制品的市场需求弹性较小，烟叶需求量能够长期保持稳定。

（二）"以税控烟" 助力 "健康中国"

近日，国务院印发《关于实施健康中国行动的意见》，提出了 3 项主要任务、15 个重大专项行动，"实施控烟行动" 为其中之一，并指出 "吸烟严重危害人民健康"。我国是世界上最大烟草生产国和消费国，全国烟民 3.5 亿，成人吸烟率高达 27%。吸烟会带来一系列慢性病，其中对肺部健康的负面影响最大。《美国卫生总监报告》的研究指出，90% 的男性肺癌死亡和 80% 的女性肺癌死亡与吸烟有关，因此我国是世界肺癌第一大国也就不足为怪了。按照 2016 年国务院发布的《"健康中国 2030" 规划纲要》要求，"到 2030 年，15 岁以上人群吸烟率降低到 20%"。基于国际经验证明，烟税是控制吸烟率的重要经济手段。

为增强 "以税控烟" 的政策效应，全国政协委员戴秀英建议 "提高烟草税与烟草制品价格" 是有效的控烟措施。为了实现 "2030 健康中国战略" 提出的将吸烟率由当前的 27.7% 降至 20% 的目标，中国迫切需要进一步大幅提高烟草税收，降低卷烟支付能力，遏制烟草消费上升趋势。

世界卫生组织总结了 6 项有效控烟措施，其中之一即为提高烟税，即通过提高烟草消费税，可以促使烟草产品价格上涨，进而减少烟草消费量。尽管烟草为致瘾产品，烟民对其依赖性较强，但烟草价格对烟草消费有重要影响，尤其对于青少年的吸烟行为有重要影响，提高烟草税可有效减少烟民增量。相关研究表明，我国卷烟产品的价格需求弹性为 −0.23，这意味着，烟草产品价格每提高 1%，烟草消费量则下降 0.23%。

案例来源：中国税务报。

6 - 6　第六章案
例分析题答案

【思考】

1. 请结合案例，谈谈烟叶税的开征意义。

2. 请结合案例，谈谈如何才能增强"以税控烟"的政策效应，助力"健康中国"。

第七章

关　税

一、单项选择题

1. 下列机构中，有权决定征收特别关税的货物、适用国别、税率、期限和征收办法的是（　　）。
   A. 财政部　　　　　　　　B. 海关总署
   C. 商务部　　　　　　　　D. 国务院关税税则委员会

2. 下列关于进口关税适用税率的说法中，正确的是（　　）。
   A. 协定税率适用原产于与我国签订有特殊关税优惠条款的贸易协定国家或地区的进口货物
   B. 当既有最惠国税率又有暂定税率时，优先适用最惠国税率
   C. 按照普通税率征税的进口货物有暂定税率的，适用暂定税率
   D. 适用协定税率、特惠税率的进口货物有暂定税率的，应当从低适用税率

3. 下列各项关于关税适用税率的表述中，正确的是（　　）。
   A. 出口货物，按货物实际出口离境之日实施的税率征税
   B. 进口货物，按海关接受该货物申报进口之日实施的税率征税
   C. 已申报进境并放行的暂时进口货物需要补缴税款时，按其申报暂时进口之日实施的税率征税
   D. 纳税义务人违反海关规定被查获需要追征税款的进出口货物，应按海关发现该行为之日实施的税率征税

4. 按照随进口货物的价格由高至低而由低至高设置的关税税率计征的关税是（　　）。
   A. 滑准税　　　B. 从量税　　　C. 复合税　　　D. 选择税

5. 下列税费中，应计入进口货物关税完税价格的是（　　）。
   A. 单独核算的境外技术培训费用

B. 报关时海关代征的增值税和消费税

C. 由买方单独支付的入关后的运输费用

D. 进口货物运抵我国境内输入地点起卸前的保险费

6. 在以相同货物成交价格估价方法确定进口货物完税价格的表述中,大约同时是指海关接受货物申报之日的大约同时,最长不应当超过前后(   )日。

A. 5   B. 15   C. 90   D. 45

7. 某进出口公司 2024 年 7 月进口化妆品一批,购买价 37 万元,该公司另支付入关前运费 3 万元,保险费无法确定。化妆品关税税率为 30%,该公司应缴纳的关税为(   )万元。

A. 10.20   B. 10.23   C. 12.04   D. 11.10

8. 某进出口公司 2022 年 8 月进口气缸容量为 240 毫升的小排量摩托车 20 辆,成交价共计 27 万元,该公司另支付入关前的运费 4 万元,保险费无法确定。摩托车关税税率为 25%,该公司应缴纳的关税为(   )万元。

A. 6.75   B. 7.77   C. 6.77   D. 7.75

9. 我国某公司 2023 年 3 月从国内甲港口出口一批锌锭到国外,货物成交价格为 170 万元(不含出口关税),其中包括货物运抵甲港口装载前的运输费 10 万元。该公司另外支付了甲港口到国外目的地港口之间的运输保险费 20 万元。锌锭出口关税税率为 20%,该公司出口锌锭应缴纳的出口关税为(   )万元。

A. 34   B. 32   C. 38   D. 36

10. 特定地区、特定企业或者特定用途的特定减免税进口货物,应当接受海关监管。对于企业进口的符合免税规定的重大技术装备的监管年限是(   )。

A. 3 年   B. 6 年   C. 8 年   D. 10 年

11. 因纳税义务人违反规定而造成的少征关税,海关可以自纳税义务人缴纳税款或者货物、物品放行之日起的一定期限内追征。这一期限是(   )。

A. 1 年   B. 2 年   C. 3 年   D. 5 年

7 - 1　第七章单项选择题答案

二、多项选择题

1. 下列税费中,应计入进口货物关税完税价格的有(   )。

A. 与进口货物密不可分的,应由买方支付的特许权使用费

B. 进口设备进口后发生的安装和调试费用

C. 由买方负担的境外包装材料费用

D. 由买方负担的与该货物视为一体的容器费用

2. 下列关于进口货物完税价格中的运输费和保险费的确定相关的说法中，正确的有（   ）。

    A. 应当按照实际支付的运输费和保险费计入关税完税价格

    B. 运输工具作为进口货物，利用自身动力进境的，不再另行计算运输费用

    C. 无法确定运输费用，海关应当按照"货价"的3‰计算运输费用

    D. 邮运进口的货物，应当以邮费作为运输及其相关费用、保险费

3. 下列出口货物成交价格包含的税款和费用中，应计入出口货物关税完税价格的有（   ）。

    A. 出口关税税额

    B. 与出口货物视为一体的包装容器费用

    C. 货物运至我国境内输出地点装载前的运输费用

    D. 我国离境口岸至境外口岸之间的保险费

4. 下列关于特殊进口货物关税完税价格的说法中，不正确的有（   ）。

    A. 运往境外修理的机械器具，出境时已向海关报明，并在海关规定期限内复运进境的，应当以机器设备价值、境外修理费和物料费为基础审查确定完税价格

    B. 以租金方式对外支付的租赁货物，在租赁期间以海关审定的租金作为完税价格，利息金额不予计入

    C. 对于境内留购的进口货样、展览品和广告陈列品，以海关审定的留购价格作为完税价格

    D. 易货贸易、寄售、捐赠、赠送等不存在成交价格的进口货物，以同类进口货物价格作为完税价格

5. 下列进口货物中，可以享受关税的法定减免税政策的有（   ）。

    A. 关税税额在人民币50元以下的一票货物

    B. 无商业价值的货样

    C. 外国个人无偿捐赠的货物

    D. 科教用品

6. 下列进口的货物或物品中，免征关税的有（   ）。

    A. 无商业价值的广告品

    B. 外国政府无偿援助的物资

    C. 国际组织无偿赠送的货物

    D. 在海关放行前损失的货物

7. 下列关于关税的申报与缴纳时限的说法中，正确的有（   ）。

A. 不能按期缴纳关税税款的，经国家税务总局批准，可以延期纳税，但最长不得超过 6 个月

B. 进口关税应当自运输工具申报进境之日起 15 日内申报关税

C. 关税的缴纳期限为自海关填发专用缴款书之日起 15 日内

D. 出口关税应当在货物运抵海关监管区后，装货的 24 小时以前申报关税

8. 下列措施中，属于《中华人民共和国海关法》赋予海关可以采取的强制措施有（　　　）。

A. 补征税额　　　　　　　　　　B. 强制扣缴

C. 变价抵缴　　　　　　　　　　D. 征收关税滞纳金

7 -2　第七章多项选择题答案

三、判断题

1. 中华人民共和国准许进出口的货物、进境物品，除法律、行政法规另有规定外，由海关依照规定征收进出口关税。（　　　）

2. 出口转关货物，应当适用启运地海关接受该货物申报出口之日实施的税率。（　　　）

3. 报复性关税是指他国政府以不公正、不平等、不友好的态度对待本国输出的货物时，为维护本国利益，对该国输入本国的货物加重征收的关税。（　　　）

4. 运往境外修理的机械器具、运输工具或其他货物，出境时已向海关报明，并在海关规定的期限内复运进境的，应以境外修理费、料件费以及该货物复运进境的运输及其相关费用为基础确定完税价格。（　　　）

5. 以租赁方式进口的货物，以海关审查确定的该货物的租金作为完税价格。（　　　）

6. 进口货物的纳税义务人应当自运输工具申报进境之日起 14 日内，出口货物的纳税义务人除海关特准的外，应当在货物运抵海关监管区后、装货的 24 小时以前，向货物的进出境地海关申报。（　　　）

7. 纳税义务人因不可抗力或者在国家税收政策调整的情形下，不能按期缴纳税款的，经海关总署批准，可以延期缴纳税款，但是最长不得超过 6 个月。（　　　）

8. 外国政府、国际组织无偿赠送的物资免征关税。（　　　）

9. 已征进口关税的货物，因品质或规格的原因，原状退货复运出境的，纳税人自缴纳税款之日起 3 年内可以申请退还税款。（　　　）

7 -3　第七章判断题答案

10. 关税按征税性质分类，可分为普通关税和优惠关税。（　　　）

四、简答题

1. 简述关税的特点。
2. 按照不同的标准，可以将关税分为哪几类？
3. 简述关税的作用。

7-4　第七章简答题答案

五、计算问答题

1. 位于县城的某服装厂为增值税一般纳税人，2024 年 9 月发生以下业务：

a. 以邮运方式进口布料一批，支付买价 200 万元、运抵我国境内输入地点起卸前的邮费 6 万元。

b. 进口一台机器设备，国外买价折合人民币 640 000 元，运抵我国入关地前支付的运费折合人民币 42 000 元、保险费折合人民币 38 000 元；入关后运抵企业所在地，取得运输公司开具的增值税专用发票，注明运费 16 000 元、税额 1 440 元。

（其他相关资料：假设进口布料关税税率 10%，进口机器设备关税税率 10%。）

要求：根据上述资料，按照下列序号回答问题，如有计算需计算出合计数。

（1）分别计算当月进口布料应缴纳的关税和进口环节增值税。

（2）分别计算进口机器设备应缴纳的进口关税和进口环节增值税。

2. 某市一家进出口公司为增值税一般纳税人，2024 年 7 月发生以下业务：

a. 进口轻型商务客车 2 辆用于公司经营，国外买价折合人民币合计 800 000 元，运抵我国入关地前支付的运费折合人民币 60 000 元、保险费折合人民币 30 000 元；入关后运抵企业所在地，取得运输公司开具的增值税专用发票，注明运费 10 000 元、税额 900 元。

b. 从国外进口一批中档护肤品，该批货物在国外的购买价为 200 万元人民币，由进出口公司支付的购货佣金为 10 万元人民币，运抵我国海关卸货前发生的运输费为 30 万元人民币，保险费无法确定。该批货物已报关，取得海关开具的增值税专用缴款书。

（其他相关资料：假设轻型商务客车关税税率 20%，消费税税率 5%；中档护肤品关税税率 10%。）

7-5　第七章计算问答题答案

要求：根据上述资料，按照下列序号回答问题，如有计算需计算出合计数。

（1）分别计算进口轻型商务客车应缴纳的进口关税、进口环节增值税和消费税。

（2）分别计算进口护肤品应缴纳的进口关税、进口环节增值税。

第八章

资 源 税

一、单项选择题

1. 关于资源税税率，下列说法正确的是（　　）。
   A. 原油和天然气税目不同，适用税率也不同
   B. 有色金属选矿一律实行幅度比例税率
   C. 具体适用税率由省级人民政府提出，报全国人民代表大会常务委员会决定
   D. 开采不同应税产品，未分别核算或不能准确提供不同应税产品的销售额或销售数量的，从高适用税率

2. 下列不属于资源税的纳税义务人的是（　　）。
   A. 在我国境内开采石油的外商投资者
   B. 开采并销售天然矿泉水的国有企业
   C. 进口金属矿产的个体经营户
   D. 开采宝玉石的私营企业

3. 下列企业既是增值税纳税人又是资源税纳税人的是（　　）。
   A. 开采并出口有色金属矿产品的企业
   B. 在境外开采有色金属矿产品的企业
   C. 销售有色金属矿产品的贸易公司
   D. 进口有色金属矿产品的企业

4. 下列应税资源中，可以从量计征的是（　　）。
   A. 地热　　　　B. 海盐　　　　C. 硫化氢气　　D. 原油

5. 下列生产或开采的资源产品中，不属于资源税征税范围的是（　　）。
   A. 中重稀土　　　　　　　　B. 人造石油
   C. 天然卤水　　　　　　　　D. 煤层气

6. 下列关于资源税从价定率征收计税依据的说法中，正确的是（　　）。

A. 计税销售额是指向购买方收取的全部价款、价外费用和其他相关费用

B. 价税销售额不包含增值税税额

C. 已税产品购进金额当期不足抵减的，不可结转下期抵减

D. 以组成计税价格确定应税产品销售额，且组成计税价格不包含资源税

7. 2024年5月，某锡矿开采企业开采锡矿原矿300吨，本月销售锡矿原矿200吨，取得不含税销售额500万元，剩余锡矿原矿100吨移送加工锡矿选矿80吨，本月锡矿选矿全部销售，取得不含税销售额240万元。锡矿原矿和锡矿选矿资源税税率分别为6.5%和5%，该企业当月应缴纳资源税（　　）万元。

A. 44.50　　　　B. 48.75　　　　C. 60.75　　　　D. 32.50

8. 某铁矿企业将外购300万元铁矿石原矿与自采100万元铁矿石原矿混合洗选加工为选矿销售，当月全部销售完毕，选矿不含税销售额为600万元。当地铁矿石原矿税率为3%，铁矿石选矿税率为2%，该企业当月销售铁矿石选矿业务应缴纳的资源税税额为（　　）万元。

A. 2　　　　　　B. 3　　　　　　C. 6　　　　　　D. 12

9. 某原油开采企业为增值税一般纳税人，2024年2月开采原油10万吨，当月销售6万吨，取得不含税收入24 000万元，3万吨用于继续加工为成品油，1万吨用于开采原油过程中加热。该企业当月应缴纳资源税（　　）万元（资源税税率为6%）。

A. 1 440　　　　B. 1 680　　　　C. 2 160　　　　D. 2 400

10. 关于资源税税收优惠，下列说法错误的是（　　）。

A. 纳税人开采低品位矿，由省、自治区、直辖市决定免征或减征资源税

B. 纳税人享受资源税优惠政策，实行"自行判别、申报享受、留存备查"办理方式

C. 纳税人开采或者生产同一应税产品，同时符合两项或两项以上减征资源税优惠政策的，可以同时享受各项优惠政策

D. 由省、自治区、直辖市提出的免征或减征资源税的具体办法，应报同级人民代表大会常务委员会决定，并报全国人民代表大会常务委员会和国务院备案

8-1 第八章单项选择题答案

二、多项选择题

1. 下列资源产品中，即可从量计征，又可从价计征的有（　　）。

A. 砂石　　　　B. 矿泉水　　　　C. 煤　　　　　　D. 石灰岩

2. 关于资源税的处理中，下列说法正确的有（　　）。

A. 以自采原矿加工为非应税产品，视同销售非应税产品缴纳资源税

B. 以自采原矿加工为选矿无偿赠送，视同销售选矿缴纳资源税

C. 以自采原矿洗选后的选矿连续生产非应税产品，视同销售选矿缴纳资源税

D. 以自采原矿加工为非应税产品，视同销售原矿缴纳资源税

3. 下列各项关于资源税规定的表述中，正确的有（　　）。

A. 对用于出口的应税资源产品免征资源税

B. 对进口的应税产品不征收资源税

C. 开采原油过程中用于加热的原油免征资源税

D. 在油田范围内运输原油过程中用于加热的天然气免征资源税

4. 某采矿企业为增值税一般纳税人，2023 年 8 月开采铜、铝土、石灰岩各 200 吨（均为原矿），其中当月销售铜原矿 100 吨，取得不含税销售额 1 000 万元；领用铝土原矿 100 吨用于连续生产铝土选矿 80 吨。铜原矿资源税税率为 4%，铝土原矿、选矿资源税税率均为 6%，下列说法正确的有（　　）。

A. 该企业领用铝土矿原矿用于连续生产铝土矿选矿，无须缴纳资源税

B. 该企业当月应纳资源税 46 万元

C. 该企业当月应纳资源税 40 万元

D. 铜矿、铝土矿同属于金属矿产的有色金属

5. 下列关于资源税减征优惠的说法中，正确的有（　　）。

A. 稠油和高凝油资源税减征 20%

B. 从衰竭期矿山开采的矿产，资源税减征 30%

C. 从深水油气田开采的原油、天然气，资源税减征 30%

D. 对充填开采置换出来的煤炭，资源税减征 30%

6. 下列关于资源税的纳税义务发生时间的表述，正确的有（　　）。

A. 纳税人销售应税产品，其纳税义务发生时间为应税产品开采的当天

B. 纳税人采取分期收款结算方式销售应税产品的，其纳税义务发生时间为销售合同规定的收款日期的当天

C. 纳税人采取预收货款结算方式销售应税产品的，其纳税义务发生时间为发出应税产品的当天

D. 纳税人自产自用应税产品的，其纳税义务发生时间为应税产品移送使用的当天

7. 下列情形中，免征水资源税的有（　　　）。
    A. 抽水蓄能发电取用水
    B. 取用污水处理再生水
    C. 采矿和工程建设疏干排水
    D. 水利工程管理单位为配置或者调度水资源取水

8-2　第八章多
项选择题答案

三、判断题

1. 纳税人将其开采的原煤，除连续生产洗选煤，其他将自产原煤自己使用的行为，在原煤移送使用环节缴纳资源税。（　　）

2. 纳税人开采或生产应税产品过程中，因意外事故遭受的重大损失，一律不得减税或免税。（　　）

3. 增值税小规模纳税人可在 50% 的税额幅度内减征资源税。（　　）

8-3　第八章判
断题答案

4. 资源税纳税人按月或者按季申报缴纳的，应当自月度或者季度终了之日起 10 日内，向税务机关办理纳税申报并缴纳税款。（　　）

5. 个人开采、销售锡矿应缴纳资源税。（　　）

四、简答题

1. 简述资源税的特点。
2. 简述资源税的纳税人。
3. 简述资源税的税收优惠政策。

8-4　第八章简
答题答案

五、计算问答题

1. 某煤炭企业为增值税一般纳税人，下属有甲、乙、丙三个矿山，2024 年 5 月发生如下业务：

a. 甲矿山将外购的原煤 600 吨与自产原煤 800 吨用于连续加工洗选煤，当月加工的洗选煤 80% 用于销售，取得不含税销售额 400 万元。20% 用于抵债。已知外购原煤不含税单价为 2 900 元/吨。

b. 乙矿山为衰竭期矿山，当月销售原煤 6 000 吨，取得含税销售额 2 034 万元，另外支付从开采地到约定火车站的运杂费 7.02 万元，已取得合法有效票据。

c. 丙矿山将 1 000 吨自采的原煤移送到附设的煤球加工厂用于加工煤球，该原煤的平均不含税销售价格为 2 800 元/吨。

（其他相关资料：当地原煤的资源税税率为 6%，洗选煤的资源税税率为 4%。）

要求：根据上述资料，按照下列序号回答问题，如有计算需计算出合计数。

问题（1）：计算业务 a 应缴纳的资源税。

问题（2）：计算业务 b 应缴纳的资源税。

问题（3）：计算业务 c 应缴纳的资源税。

问题（4）：计算该煤炭企业当月应缴纳的资源税。

2. 某煤矿为增值税一般纳税人，2024 年 12 月发生下列业务：

a. 开采原煤 40 000 吨；

b. 采取托收承付方式销售自采原煤 480 吨，每吨不含税售价为 150 元，货款已经收讫；

c. 本月以自采原煤和外购原煤混合加工洗煤 820 吨，其中耗用外购原煤 500 吨，外购原煤购入时每吨不含增值税价格为 120 元。销售上述洗煤 600 吨，每吨不含税售价 300 元（含每吨收取 50 元装卸费，能够取得相应的凭证）；将 5 吨上述洗煤用于职工宿舍取暖；剩余洗煤赠送给某关联单位。该煤矿原煤与洗煤的折算率为 60%。

（其他相关资料：当地原煤的资源税税率为 5%，洗选煤的资源税税率为 5%。）

要求：根据上述资料，回答下列问题。

问题（1）：计算业务 a 应缴纳的资源税；

问题（2）：计算业务 b 应缴纳的资源税；

问题（3）：计算业务 c 应缴纳的资源税；

问题（4）：计算当月共计应缴纳的资源税。

8-5 第八章计算问答题答案

六、案例分析题

【背景资料】

资源税驱动企业"渣里淘金"

资源税的纳税人，主要是各类资源开采企业。资源税法的实施对相关市场主体有何影响？

"我们既产铁矿石，也产铁精粉，之前铁矿石的销售额要通过换算比来计算，不但计算复杂，也不好理解。资源税法实施后则直接对铁矿石企业明确了原矿和选矿两个税率，这样计算和申报起来就便利多了。"山东金岭矿业股份有限公司负责人说。

办税便利是资源税纳税人的共同感受：保留按月申报纳税，增加按季申报纳税；申报期限统一改为 15 日内；按原矿、选矿分别设定税率……

一系列减免税政策，也让企业绿色转型发展更有动力。

"资源税法施行 3 年内，对充填开采置换出来的煤炭，资源税减征 50%。按照企业年充填量 60 万吨测算，公司预计可享受减税 1 122 万元。"西山煤电（集团）有限责任公司相关负责人介绍，该企业是全国最大的炼焦煤生产基地，也是全国首批循环经济试点单位，资源税减税优惠极大鼓励了公司矸石充填开采项目的实施，促进了煤炭资源绿色开采。

传统作业方式下，煤炭开采会产生大量废弃矸石，堆积形成的矸石山不仅占用耕地，而且污染环境。充填开采方法却能将矸石"变废为宝"：随着工作面推进，将矸石填充到采空区或离层带，实现"以矸换煤"，提高煤矿回采率，减少废物排放，防止地表塌陷。"矸石充填开采不仅使企业得到了减税优惠，还减少企业排矸费支出750万元，保护了地下水，减少了地质灾害，也很大程度解决了周边村庄的环境污染及搬迁问题，可谓一举多得！"西山煤电有关负责人说。

重庆能投渝新能源有限公司则从精准的税收优惠政策中看到了企业转型升级的契机。抽采煤层气是该公司业务之一。煤层气是赋存于煤层中与煤共伴生、以甲烷为主要成分的优质清洁能源，当它在空气中达到一定浓度时，遇明火很容易发生爆炸。因此，如果在采煤前先开采煤层气，不仅可以充分利用这种优质能源，还能降低事故发生概率，保证生产安全。受益于资源税法中新增因安全生产需要抽采的煤层气免税政策，公司财务总监梁毅算了一笔账："公司预计一年能少缴近200万元资源税，这笔钱我们可以用来增添智能选矸设备，提高资源利用率。"

总体来看，资源税法的实施，引导企业绿色发展，帮助企业恢复市场活力，明显减轻了企业负担，也让企业更有自主创新的能力和转型升级的底气，在市场逆境中扬帆踏浪前行。

资料来源：中国税务报。

8-6　第八章案例分析题答案

【思考】

1. 请结合案例，谈谈开征资源税如何驱动企业"渣里淘金"？

2. 请从"人与自然和谐相处"的角度，谈谈青年人在生活中如何践行绿色发展理念。

第九章
环 境 保 护 税

一、单项选择题

1. 下列各项中，不属于环境保护税征税范围的是（　　）。
   A. 大气污染物
   B. 噪声
   C. 水污染物
   D. 依法对畜禽养殖废弃物进行综合利用和无害化处理

2. 下列直接向环境排放污染物的主体，不属于环境保护税纳税人的是（　　）。
   A. 某事业单位
   B. 甲煤矿开采企业
   C. 王某个人
   D. 某市从事餐饮服务业的饭店

3. 下列情形中，应缴纳环境保护税的是（　　）。
   A. 企业向依法设立的污水集中处理场所排放应税污染物
   B. 个体户向依法设立的生活垃圾集中处理场所排放应税污染物
   C. 事业单位在符合国家环境保护标准的设施贮存固体废物
   D. 企业在不符合地方环境保护标准的场所处置固体废物

4. 下列情形中，属于直接向环境排放污染物从而应缴纳环境保护税的是（　　）。
   A. 企业在符合国家和地方环境保护标准的场所处置固体废物的
   B. 事业单位向依法设立的生活垃圾集中处理场所排放应税污染物的
   C. 企业向依法设立的污水集中处理场所排放应税污染物的
   D. 依法设立的城乡污水集中处理场所，超过国家和地方规定

的排放标准排放应税污染物的

5. 下列排放的应税污染物中，暂免征收环境保护税的是（　　　）。

A. 规模化养殖场排放的应税污染物

B. 医院排放的应税污染物

C. 船舶排放的应税污染物

D. 污水处理厂超标排放的应税污染物

6. 下列应税污染物中，在确定计税依据时只对超过规定标准的部分征收环境保护税的是（　　　）。

A. 固体废物　　　　　　　B. 大气污染物

C. 工业噪声　　　　　　　D. 水污染物

7. 某养殖场，2022 年 3 月养牛存栏量为 600 头，污染当量值为 0.1 头，假设当地水污染物适用税额为每污染当量 2.8 元，当月应纳环境保护税税额为（　　　）元。

A. 16 800　　　B. 168　　　C. 1 680　　　D. 2 142.86

8. 以下关于环境保护税征收的规定中，说法正确的是（　　　）。

A. 对于大气污染物，按照每一排放口排放的污染物的排放量从小到大进行排序，对前三项污染物征收环境保护税

B. 对第一类水污染物按照污染当量数从大到小排序，对前三项征收环境保护税

C. 应税固体废物按照固体废物的产生量确定计税依据

D. 对于工业噪声，声源一个月内超标不足 15 天的，减半计算应纳税额

9-1　第九章单项选择题答案

二、多项选择题

1. 下列说法中属于环境保护税的特点有（　　　）。

A. 征税项目为四种重点污染源

B. 纳税人主要是企事业单位和其他经营者

C. 直接排放应税污染物是必要条件

D. 税收收入全部归中央

2. 下列污染物中，属于环境保护税征收范围的有（　　　）。

A. 煤矸石　　　　　　　　B. 二氧化硫

C. 氮氧化物　　　　　　　D. 建筑噪声

3. 下列应税污染物中，按照污染物排放量折合的污染当量数作为环境保护税计税依据的有（　　　）。

A. 噪声　　　　　　　　　B. 尾矿

C. 大气污染物　　　　　　D. 水污染物

4. 对于大气污染物和水污染物，下列情形中，以产生量作为污染物的排放量的有（　　　）。

A. 擅自移动自动监测设备

B. 未依法安装使用污染物自动监测设备

C. 篡改、伪造污染物监测数据

D. 因排放污染物种类多，不具备监测条件

5. 下列关于环境保护税的征收管理，说法正确的有（　　　）。

A. 纳税人申报的污染物排放数据与环境保护主管部门交送的相关数据不一致的，由税务机关核定应税污染物的计税依据

B. 环境保护税的纳税义务发生时间为排放应税污染物的当日

C. 纳税人应当向应税污染物排放地税务机关申报缴纳环境保护税

D. 环境保护税按年计算，按季申报缴纳

9-2　第九章多项选择题答案

三、判断题

1. 环境保护税的征收环节是生产销售环节。（　　　）

2. 应税污染物的具体适用税额由省级税务机关确定。（　　　）

3. 环境保护税实行统一的定额税和浮动定额税相结合的税额标准。（　　　）

9-3　第九章判断题答案

4. 纳税人跨区域排放应税污染物，税务机关对税收管辖有争议的，必须报请共同的上级税务机关决定。（　　　）

5. 环境保护税不能按固定期限计算缴纳的，可以按次申报缴纳。（　　　）

四、简答题

1. 简述环境保护税的纳税人与征税对象。

2. 简述环境保护税的减免税优惠政策。

9-4　第九章简答题答案

五、计算问答题

1. 某化工厂只有一个污水排放口且直接向河流排放污水。2024年2月该工厂自动监测仪器读数显示，当月排放硫化物、氟化物各100千克，甲醛、总铜各90千克，总锌200千克，总锰120千克。已知，硫化物、甲醛污染当量值为0.125，氟化物污染当量值为0.5，总铜污染当量值为0.1，总锌、总锰污染当量值为0.2；当地水污染物每污染当量税额为3元。计算该工厂当月应纳的环境保护税。

2. 甲、乙、丙三个企业均为增值税一般纳税人，2024年10月发生如下业务：

a. 甲企业2024年10月向水体直接排放第一类水污染物总汞、总镉、总铬、总砷、总铅、总银各20千克。排放第二类水污染物悬

浮物（SS）、总有机碳（TOC）、挥发酚、氨氮各 20 千克。已知水污染物污染当量值分别为总汞 0.0005、总镉 0.005、总铬 0.04、总砷 0.02、总铅 0.025、总银 0.02、悬浮物（SS）4、总有机碳（TOC）0.49、挥发酚 0.08、氨氮 0.8。该企业所在地区水污染物税额标准统一为 1.4 元/污染当量。

b. 乙企业 2024 年 10 月向大气直接排放二氧化硫、氟化物各 100 千克，一氧化碳 200 千克、氯化氢 80 千克，已知大气污染物的污染当量值分别为二氧化硫 0.95、氟化物 0.87、一氧化碳 16.7、氯化氢 10.75。该企业所在地区大气污染物税额标准统一为 1.2 元/污染当量。

c. 丙企业只有一个生产场所，只在昼间生产，生产时产生噪声为 60 分贝，按照相关标准规定噪声排放限值为 55 分贝，当月超标天数为 14 天。当地规定超标 4~6 分贝，每月税额为 700 元，超标 16 分贝以上，每月 11 200 元。

要求：根据上述资料，按照下列序号回答问题，如有计算需计算出合计数。

问题（1）：计算业务 a 应缴纳的环境保护税。

问题（2）：计算业务 b 应缴纳的环境保护税。

问题（3）：计算业务 c 应缴纳的环境保护税。

9-5　第九章计算问答题答案

第十章
城镇土地使用税

一、单项选择题

1. 下列关于城镇土地使用税的纳税义务人的说法中，表述正确的是（　　）。
    - A. 土地使用权共有的，可指定某一方为纳税义务人
    - B. 拥有土地使用权的单位和个人不在土地所在地的，其土地的实际使用人和代管人为纳税人
    - C. 土地使用权纠纷未解决的，暂不缴纳城镇土地使用税
    - D. 纳税单位无偿使用免税单位的土地的，由免税单位缴纳城镇土地使用税

2. 下列关于城镇土地使用税税率的相关表述中，符合税法规定的是（　　）。
    - A. 采用有幅度的地区差别定额税额
    - B. 经济发达地区的适用税额标准可以适当提高，但提高额不得超过规定税额范围内最高税额的 30%
    - C. 经济落后地区，城镇土地使用税的适用税额标准可适当降低，但降低额不得超过规定税额范围内最低税额的 50%
    - D. 每个幅度内最高税额是最低税额的 50 倍

3. 某企业在市区拥有一宗地块，尚未由有关部门组织测量面积，但持有政府部门核发的土地使用证书。下列关于该企业履行城镇土地使用税纳税义务的表述中，正确的是（　　）。
    - A. 暂缓履行纳税义务
    - B. 自行测量土地面积并履行纳税义务
    - C. 待将来有关部门测定完土地面积后再履行纳税义务
    - D. 以证书确认的土地面积作为计税依据履行纳税义务

4. 某国家级森林公园，2024 年共占地 2 万平方米，其中公园行政管理部门办公用房占地 0.1 万平方米，对外经营度假酒店占地 1 万

平方米，索道经营场所占地 0.5 万平方米，公园所在地城镇土地使用税税率为 2 元/平方米，该公园 2024 年度应缴纳的城镇土地使用税为（　　）。

A. 1.00 万元　　　　　　　　B. 2.00 万元

C. 3.00 万元　　　　　　　　D. 3.20 万元

5. 某企业 2024 年度拥有位于市郊的一宗地块，该地块地上面积为 1 万平方米，单独建造的地下建筑面积为 0.4 万平方米（已取得地下土地使用权证）。该市规定的城镇土地使用税税率为 2 元/平方米，则该企业 2024 年度就此地块应缴纳的城镇土地使用税为（　　）万元。

A. 0.80　　　B. 2.00　　　C. 2.80　　　D. 2.40

6. 某企业 2024 年初占用土地 20 000 平方米，其中幼儿园占地 400 平方米，其余为生产经营用途；6 月购置一栋办公楼，占地 300 平方米。该企业所在地城镇土地使用税年税额为 6 元/平方米，则该企业 2024 年应缴纳的城镇土地使用税为（　　）元。

A. 120 900　　B. 119 400　　C. 118 500　　D. 118 650

7. 下列各项中，应由省、自治区、直辖市税务机关确定是否减免城镇土地使用税的是（　　）。

A. 城市公交场站的车站、车辆和线路用地

B. 非营利性医疗机构和疾病控制机构自用的土地

C. 企业办的学校、托儿所和幼儿园自用的土地

D. 个人所有的居住房屋用地

8. 下列土地中，免征城镇土地使用税的是（　　）。

A. 营利性医疗机构自用的土地

B. 公园内附设照相馆使用的土地

C. 生产企业使用海关部门核准的免税土地

D. 公安部门无偿使用铁路企业的应税土地

9. 下列单位用地中，可免征城镇土地使用税的是（　　）。

A. 物流企业仓库用地　　　　B. 厂区内部绿化用地

C. 工业企业生产用地　　　　D. 国家机关办公用地

10-1 第十章
单项选择题答案

二、多项选择题

1. 下列各项中，可以免征城镇土地使用税的有（　　）。

A. 财政拨付事业经费单位的食堂用地

B. 名胜古迹场所设立的照相馆用地

C. 中国银行的营业用地

D. 宗教寺庙人员在寺庙内的生活用地

2. 下列各项中，应缴纳城镇土地使用税的有（　　）。

    A. 供热企业行政办公大楼

    B. 为居民供热收取采暖费的供热企业，为居民供热所使用的厂房及土地

    C. 农副产品加工厂生产用地

    D. 城市轨道交通系统运营用地

3. 下列土地中，属于法定免缴城镇土地使用税的有（　　）。

    A. 集体办的医院用地

    B. 免税单位无偿使用纳税单位的土地

    C. 名胜古迹自用的土地

    D. 企业办的学校用地

4. 下列土地中，免缴城镇土地使用税的有（　　）。

    A. 改造安置住房建设用地

    B. 农产品批发市场专门用于经营农产品的房产

    C. 寺庙内的宗教人员生活用地

    D. 个人办的幼儿园用地

5. 下列关于城镇土地使用税纳税义务发生时间的表述中，符合税法规定的有（　　）。

    A. 纳税人出租房产，自交付出租房产之次月起纳税

    B. 纳税人购置新建商品房，自房屋交付使用之次月起纳税

    C. 纳税人购置存量房，自房屋交付使用之次月起纳税

    D. 纳税人新征用的耕地，自批准征用之次月起纳税

6. 下列各项中，符合城镇土地使用税规定的有（　　）。

    A. 城镇土地使用税实行按年计算、分期缴纳的征收方式

    B. 纳税人使用土地不属于同一省的，由纳税人向注册地税务机关缴纳

    C. 纳税人因土地的权利发生变化而依法终止城镇土地使用税纳税义务的，其应纳税款的计算应截止到土地权利发生变化的次月

    D. 农村的住房不征收城镇土地使用税

10-2　第十章
多项选择题答案

三、判断题

1. 土地使用权权属纠纷未解决的，由税务机关根据情况确定纳税人。（　　）

2. 企业内的广场、道路、绿化等占用的土地免征城镇土地使用税。（　　）

3. 城镇土地使用税实行分级幅度税额。（　　）

4. 新征用的耕地，自批准征用之日起满 1 年时开始缴纳城镇土

地使用税。　　　　　　　　　　　　　　　　　（　）

5. 现行城镇土地使用税征税范围限定在城市、县城、建制镇、工矿区和农村。　　　　　　　　　　　　　　　　　（　）

6. 依据城镇土地使用税的相关规定，纳税人缴纳城镇土地使用税确有困难需要减免税款的，应办理相关审批手续。负责城镇土地使用税减免税审批的是县级人民政府。　　　　　　　　　（　）

10－3　第十章
判断题答案

四、简答题

1. 简述城镇土地使用税的特点。
2. 简述城镇土地使用税纳税人的具体规定。
3. 简述城镇土地使用税的计税依据。

五、计算问答题

某物流企业拥有大宗商品仓储设施用地 8 000 平方米，2024 年发生如下业务：

a. 自 5 月 1 日起，将自有 500 平方米的大宗商品仓储设施用地出租给乙企业。

b. 2 月，经批准新占用一处耕地 6 000 平方米用于委托施工企业丙建造仓库。

c. 3 月，经批准新占用一处非耕地 3 000 平方米用于委托施工企业丁建造办公楼。

已知：城镇土地使用税每平方米年税额为 5 元，耕地占用税每平方米税额为 8 元。

要求：根据上述资料，回答下列问题。

问题（1）：计算该企业 2024 年应缴纳的城镇土地使用税。

问题（2）：计算该企业 2024 年应缴纳的耕地占用税。

10－4　第十章
简答题答案

10－5　第十章
计算问答题答案

第十一章
耕地占用税

一、单项选择题

1. 下列各项中, 不征收耕地占用税的是 ( )。
    A. 占用菜地建房
    B. 占用园地建房
    C. 占用鱼塘从事非农业建设
    D. 占用养殖水面建设直接为农业生产服务的生产设施

2. 经济特区、经济技术开发区和经济发达、人均耕地特别少的地区, 耕地占用税的适用税额可以适当提高, 但最多不得超过当地适用税额的 ( )。
    A. 20%   B. 30%   C. 50%   D. 60%

3. 下列选项中, 属于免征耕地占用税范围的是 ( )。
    A. 飞机场跑道占用耕地   B. 医疗机构占用耕地
    C. 铁路线路占用耕地   D. 生产企业占用耕地

4. 下列关于耕地占用税的说法中, 不正确的是 ( )。
    A. 耕地占用税属于对特定土地资源占用课税
    B. 农村居民在规定用地标准以内占用耕地新建自用住宅, 按照当地适用税额减半征收耕地占用税
    C. 耕地占用税采用地区差别定额税率, 按年课征
    D. 耕地占用税以纳税人实际占用的耕地面积为计税依据

5. 下列各项中, 可以按照当地适用税额减半征收耕地占用税的是 ( )。
    A. 农村居民占用耕地新建住宅
    B. 飞机场跑道占用的耕地
    C. 军事设施占用耕地
    D. 供电部门占用耕地新建变电厂

6. A 企业占用林地 50 万平方米建造生态度假村, 还占用林地

100 万平方米开发经济林木，所占耕地适用的定额税率为 25 元/平方米。该企业应缴纳耕地占用税（　　）万元。

    A. 800   B. 1 250   C. 2 000   D. 3 750

7. 农村居民陈先生原住宅用地 300 平方米，房屋建筑面积 300 平方米，因规划修建铁路被占用，其经批准后另购置一块 300 平方米的耕地，并建起一栋两层小洋房，房屋建筑面积为 420 平方米。当地耕地占用税率 30 元/平方米。根据税法规定，下列表述正确的是（　　）。

    A. 陈先生家免征耕地占用税

    B. 陈先生家应缴纳耕地占用税 9 000 元

    C. 陈先生家应缴纳耕地占用税 12 600 元

    D. 陈先生家应缴纳耕地占用税 180 000 元

8. 下列关于耕地占用税的说法，不正确的是（　　）。

    A. 耕地占用税的纳税义务人，是占用耕地建房或从事其他非农业建设的单位和个人

    B. 耕地占用税以纳税人实际占用耕地的面积为计税依据

    C. 获准占用耕地的单位或者个人应当在收到土地管理部门的通知之日起 50 日内缴纳耕地占用税

    D. 免征或者减征耕地占用税后，纳税人改变原占地用途，不再属于免征或者减征耕地占用税情形的，应当按照当地适用税额补缴耕地占用税

9. 吴市肉制品加工企业 2024 年占地 50 000 平方米，其中办公楼占地 3 500 平方米，生猪养殖基地占地 20 000 平方米，肉制品加工车间占地 17 000 平方米，企业内部道路及绿化占地 2 000 平方米。企业所在地城镇土地使用税年单位税额每平方米 3 元。该企业 2024 年应缴纳城镇土地使用税（　　）元。

    A. 65 000   B. 90 000   C. 120 000   D. 950 000

10. 2024 年初农村居民李某经批准占用耕地 2 000 平方米，其中 1 500 平方米改成果园，600 平方米用于新建住宅。2024 年 5 月，经批准李某临时占用耕地 800 平方米用于非农业建设。已知当地耕地占用税税额为 15 元/平方米。李某当年应缴纳耕地占用税（　　）元。

11-1　第十一章单项选择题答案

    A. 8 850   B. 13 000   C. 16 500   D. 35 500

二、多项选择题

1. 根据耕地占用税有关规定，下列各项土地中属于耕地的有（　　）。

    A. 花圃、苗圃   B. 牧场

    C. 桑园   D. 经济林地

2. 耕地占用税是对占用耕地（　　）的单位和个人，就其实际占用的耕地面积征收的一种税，它属于对特定土地资源占用课税。

  A. 建设建筑物　　　　　　　　B. 从事非农业建设

  C. 从事农业建设　　　　　　　D. 建设构建物

3. 下列关于耕地占用税税收优惠的说法错误的有（　　）。

  A. 军事设施占用耕地，免征耕地占用税

  B. 医院占用耕地，减半征收耕地占用税

  C. 飞机场跑道占用耕地，减半征收耕地占用税

  D. 农村居民占用耕地改造果园，按照当地适用税额减半征收耕地占用税

4. 耕地占用税的纳税人是指在中华人民共和国境内占用耕地建设建筑物、构筑物或者从事非农业建设的单位和个人。下列属于耕地占用税纳税义务人的有（　　）。

  A. 国有企业　　　　　　　　　B. 集体企业

  C. 外商投资企业　　　　　　　D. 个体工商户

5. 下列关于耕地占用税的表述中，正确的有（　　）。

  A. 建设直接为农业生产服务的生产设施而占用耕地的，征收耕地占用税

  B. 获准占用耕地的单位或者个人，应当在收到自然资源主管部门的通知之日起 50 日内缴纳耕地占用税

  C. 免征或者减征耕地占用税后，纳税人改变原占地用途，不再属于免征或者减征耕地占用税情形的，应当按照当地适用税额补缴耕地占用税

  D. 在人均耕地低于 0.5 亩的地区，省、自治区、直辖市可以根据当地经济发展情况，适当提高耕地占用税的适用税额，但提高的部分不得超过确定的适用税额的 50%

6. 有关我国耕地占用税的特征，下列表述正确的有（　　）。

  A. 耕地占用税实行有地区差别的幅度定额税率

  B. 耕地占用税以纳税人实际占用的耕地面积为计税依据

  C. 为非农建设占用集体所有的耕地征收耕地占用税，占用国家所有的耕地不征收耕地占用税

  D. 耕地占用税由地方税务机关负责征收

7. 下列占用耕地中，减按每平方米 2 元的税额征收耕地占用税的有（　　）。

  A. 公路线路占用耕地

  B. 飞机场跑道占用耕地

  C. 停机坪占用耕地

  D. 临时占用的耕地

8. A、B 两公司与政府机关共同使用一栋共有土地使用权的建筑物。该建筑物占用土地面积 12 000 平方米，建筑面积 26 000 平方米。A、B 公司与机关的占用比例分别为 2∶1∶3，公司所在地城镇土地使用税税额为 5 元/平方米。则下列表述正确的有（　　　）。

  A. A 企业缴纳城镇土地使用税 20 000 元

  B. B 企业缴纳城镇土地使用税 10 000 元

  C. 政府机关缴纳城镇土地使用税 18 000 元

  D. B 企业缴纳城镇土地使用税 36 000 元

9. 下列关于耕地占用税的说法，正确的有（　　　）。

  A. 耕地占用税由地方税务机关负责征收

  B. 纳税人在批准临时占用耕地的期限内恢复所占用耕地原状的，已缴纳的耕地占用税不再退还

  C. 在经济技术开发区，耕地占用税的适用税额可以适当提高，但最多不得超过规定税额的 50%

  D. 占用鱼塘及其他农用土地建房或从事其他非农业建设，视同占用耕地

10. 丰盛企业 2023 年 3 月新占用耕地 4 000 平方米用于建造厂房，并临时占用耕地 600 平方米用于堆放沙子，沙子用于建造厂房，预计 2024 年 5 月厂房建造完成，临时占用耕地已获得批准。同年 7 月新占用耕地 2 500 平方米用于兴办学校。则下列说法正确的有（　　　）。（注：所占耕地适用的定额税率为 16 元/平方米。）

  A. 建造厂房占用的耕地应计征耕地占用税 73 600 元

  B. 兴办学校占用耕地应计征耕地占用税 40 000 元

  C. 临时占用耕地不需要计征耕地占用税

  D. 临时占用耕地需要计征耕地占用税，但在批准临时占用耕地的期限内恢复所占耕地原状的可以全额退还

11-2　第十一章
多项选择题答案

三、判断题

1. 农村居民占用耕地改造果园，按照当地适用税额减半征收耕地占用税。（　　　）

2. 纳税人临时占用耕地，暂时不缴纳耕地占用税。（　　　）

3. 农村居民经批准搬迁且原宅基地恢复耕种，新建住宅占用耕地应免征耕地占用税。（　　　）

4. 耕地占用税的纳税义务发生时间为占用耕地的当日。（　　　）

5. 耕地占用税税额标准实行的是地区差别定额税额。（　　　）

6. 养老院和停机坪占用耕地应减征耕地占用税。（　　　）

11-3　第十一章
判断题答案

11-4 第十一章
思考题答案

四、思考题

1. 简述耕地占用税的征税范围。
2. 耕地占用税的计税依据是什么？
3. 请问如何计算耕地占用税应纳税额？
4. 简述耕地占用税与城镇土地使用税与土地增值税的关系。
5. 简述耕地占用税的税收优惠。

五、计算问答题

1. 圆顺物流企业拥有大宗商品仓储设施用地 6 000 平方米，2024 年发生如下业务：

a. 自 5 月 1 日起，将自有 500 平方米的大宗商品仓储设施用地出租给乙企业。

b. 3 月，经批准新占用一处耕地 6 000 平方米用于委托施工企业丙建造仓库。

c. 4 月，经批准新占用一处非耕地 3 000 平方米用于委托施工企业丁建造办公楼。

已知：耕地占用税每平方米税额为 7 元。

求：根据上述资料，计算该企业 2024 年应缴纳的耕地占用税。

11-5 第十一章
计算问答题答案

2. 因土地规模化耕种需要，农村居民赵某经批准搬迁，搬迁前往住宅占用耕地 260 平方米，搬迁后新建自用住宅占用耕地 320 平方米，已知当地耕地占用税税额每平方米 18 元。

求：根据上述资料，计算赵某应缴纳的耕地占用税。

3. 2024 年 4 月奇达公司开发住宅社区，经批准占用耕地 13 万平方米，其中 880 平方米兴建幼儿园，6 000 平方米修建学校，1 800 平方米建设公路线路，已知耕地占用税适用税率为 28 元/平方米。

求：根据上述资料，计算奇达公司应缴纳的耕地占用税。

六、案例分析题

2023 年下半年，佛山市农民张某在自家耕地上建一座免烧砖厂，占地面积 3 569.76 平方米，按照规定应缴纳耕地占用税。后财税人员多次催缴，张某一直未缴纳耕地占用税，占应缴纳总额的 100%。2024 年 1 月，佛山市财政局将此案移送佛山市公安局，张某分三次将应缴纳的税款 84 561.12 元全部缴纳。

法院审理后认为，张某依法应缴纳耕地占用税而不申报，经多次催缴后仍不缴纳，逃避缴纳税款数额较大，并占应纳税额的 100%，其行为已构成逃税罪。佛山市人民法院以逃税罪，判处张某有期徒刑二年，缓刑二年，并处罚金 5 000 元。

　　鉴于张某到案后认罪态度较好，缴纳了全部耕地占用税款，有悔罪表现，对其适用缓刑不致再危害社会，可以宣告缓刑。

　　思考一：为何张某应缴纳耕地占用税？

　　思考二：耕地占用税的收入用途是什么？

　　思考三：耕地占用税设立的现实意义是什么？

11-6　第十一章
案例分析题答案

第十二章
房 产 税

一、单项选择题

1. 下列各项中，符合房产税纳税义务人规定的是（   ）。
   A. 房屋出租的，由承租人纳税
   B. 房屋产权出典的，由出典人纳税
   C. 房屋产权未确定的，暂不缴纳房产税
   D. 无租使用房产管理部门的房产由使用人代为缴纳房产税

2. 纳税人经营自用的房屋缴纳房产税的计税依据是（   ）。
   A. 经营所得
   B. 房屋净值
   C. 房产余值
   D. 市场价格

3. 下列房屋及建筑物中，属于房产税征税范围的是（   ）。
   A. 农村的居住用房
   B. 建在室外的露天游泳池
   C. 个人拥有的市区经营性用房
   D. 房开企业尚未使用或出租而待售的商品房

4. 下列关于房产税计税依据的说法不正确的是（   ）。
   A. 房产原值是指纳税人在账簿"固定资产"和"在建工程"科目中记载的房屋原价
   B. 纳税人对原有房屋进行改建、扩建的，要相应增加房屋的原值
   C. 对于融资租赁房屋的情况，在计征房产税时应以房产余值计算征收
   D. 房屋出典的，由承典人按房产余值计算缴纳房产税

5. 下列项目中，应征收房产税的是（   ）。
   A. 高校的学生公寓
   B. 个人拥有的营业用房
   C. 公园里的办公用房

D. 经营公租房的租金收入（单独核算）

6. 下列关于房产税纳税义务发生时间的表述中，正确的是（　　）。

    A. 纳税人出租房产，自交付房产之月起缴纳房产税

    B. 纳税人自行新建房屋用于生产经营，从建成之月起缴纳房产税

    C. 纳税人将原有房产用于生产经营，从生产经营之月起缴纳房产税

    D. 房地产开发企业自用本企业建造的商品房，自房屋使用之月起缴纳房产税

7. 下列房产中免征房产税的是（　　）。

    A. 自收自支事业单位向职工出租的单位自有住房

    B. 信托投资公司经营用房

    C. 个人所有营业用房

    D. 军队营业用房产

8. G 企业 2024 年 2 月将新建办公楼底楼全部出租给某餐饮公司，租期五年，每年不含税租金 300 万元，当年 3 月一次性收取两年的租金 600 万元，以后年度的租金按规定提前一年收取，当年应纳的房产税为（　　）万元。

    A. 20　　　　B. 30　　　　C. 33　　　　D. 36

9. A 企业为一般纳税人，2024 年 6 月以融资租赁的方式租入一处房产，原值 1 300 万元，租赁期 5 年，租入当月投入使用，每月支付租赁费 12 万元（不含税），计算房产余值的扣除比例为 30%，企业采取一般计税方法。2024 年 A 企业融资租赁的房产应缴纳房产税（　　）万元。

    A. 4.8　　　　B. 5.46　　　　C. 7.2　　　　D. 8.4

10. 甲企业 2023 年购置一宗面积 3 000 平方米的土地建造厂房，支付土地使用权价款 900 万元，厂房建筑面积 1 800 平方米，固定资产科目账面记录房产造价 2 000 万元（不含地价），当地省政府规定计算房产余值的减除比例为 20%，则甲企业 2024 年应缴纳房产税（　　）万元。

    A. 19.2　　　　B. 29.57　　　　C. 27.84　　　　D. 24.38

12-1　第十二章单项选择题答案

二、多项选择题

1. 下列关于房产税的相关政策中，表述不正确的有（　　）。

    A. 对居民住宅区内业主共有的经营性房产，由业主共同缴纳房产税

    B. 无租使用其他单位房产的应税单位和个人，依照房产余值

代为缴纳房产税

C. 对附属设备和配套设备中易损坏、需要经常更换的零配件，更新后不再计入房产原值

D. 融资租赁的房产，按收取的租金从租计征房产税

2. 纳税人从租计征房产税时，适用的税率有（　　）。

A. 1.2%　　　B. 4%　　　C. 10%　　　D. 12%

3. 下列关于房产税的选项中，正确的有（　　）。

A. 房产税采用比例税率

B. 房产税的计税方法分为从价计征和从租计征两种

C. 按照房产的账面价值征税的，称为从价计征

D. 按照房产租金收入计征的，称为从租计征

4. 关于房产税的说法，正确的有（　　）。

A. 城乡信用合作社自用房产免征房产税

B. 居民住宅区内业主共有的经营性房产，一律依照租金收入计征房产税

C. 房产税从价计征的，按房产原值一次减除10%～30%后的余值计征

D. 我国的房产税属于财产税，以房屋为征税对象

5. 下列关于房产税的纳税义务发生时间中，说法正确的有（　　）。

A. 纳税人将原有房产用于生产经营，从生产经营之月起缴纳房产税

B. 纳税人委托施工企业建设的房屋，从办理验收手续之次月起缴纳房产税

C. 纳税人购置存量房，自办理房屋权属转移、变更登记手续，房地产权属登记机关签发房屋权属证书之次月起，缴纳房产税

D. 纳税人购置新建商品房，自房屋交付使用之次月缴纳房产税

6. 绿开企业共有两处房 C 和 D，房产原值共计 1 800 万元，2024 年初，将两处房产用于投资联营，将原值为 600 万元的 C 房产投资于盛宇企业，绿开企业参与投资利润分红，共担风险，当年取得分红 30 万元；将原值为 1 000 万元的 D 房产投资万得企业，不承担联营风险，当年取得不含增值税固定利润分红 50 万元。已知当地省人民政府规定的房产原值扣除比例为 20%。则下列关于上述两处房产的房产税缴纳情况，说法正确的有（　　）。

A. 绿开企业应就 C 房产缴纳房产税 4.8 万元

B. 盛宇企业应就 C 房产缴纳房产税 5.76 万元

C. 绿开企业应就 D 房产缴纳房产税 6 万元

D. 绿开企业应就 D 房产缴纳房产税 8.4 万元

7. 下列关于房产税中房产原值的说法，正确的有（　　）。

  A. 房屋原值是指纳税人按照会计制度规定，在账簿"固定资产"科目中记载的房屋原价

  B. 无论会计上如何核算，房产原值均应包含地价

  C. 如果中央空调单独计价，则不计入房产原值计算缴纳房产税

  D. 地下人防设施无须计算缴纳房产税

8. 下列项目中，免征或暂免征收房产税的有（　　）。

  A. 军队自用的房产

  B. 企业按政府规定价格向职工出租的单位自有住房

  C. 自收自支事业单位按政府规定价格向职工出租的单位自有住房

  D. 非营利性医疗机构自用的房产

9. 下列可以成为房产税纳税人，缴纳房产税的有（　　）。

  A. 出租房屋的政府机关

  B. 自用房产的外商投资企业

  C. 产权出典人

  D. 产权未确定的房产代管人

10. 根据房产税的相关规定，下列说法正确的有（　　）。

  A. 融资租赁的房产，合同未约定开始日的，由承租人自合同签订的次月起依照房产余值缴纳房产税

  B. 融资租赁的房产，合同约定开始日的，由承租人自融资租赁合同约定开始日的次月起依照房产余值缴纳房产税

  C. 对出租房产，租赁双方签订的租赁合同约定有免收租金期限的，免收租金期间由使用人按照房产原值缴纳房产税

  D. 对出租房产，租赁双方签订的租赁合同约定有免收租金期限的，免收租金期间由产权所有人按照房产原值缴纳房产税

12 -2 第十二章 多项选择题答案

三、判断题

1. 根据规定，我国现行房产税采用比例税率和定额税率两种形式。（　　）

2. 对个人出租住房，不区分用途，按4%的税率征收房产税。（　　）

3. 国家机关附属招待所使用的房产免征房产税。（　　）

12-3 第十二章
判断题答案

4. 有关房产税纳税义务发生时间，纳税人委托施工企业建设的房屋，自办理验收手续之日起缴纳房产税。（   ）

5. 张某将个人拥有产权的房屋出典给陈某，则陈某为该房屋房产税的纳税人。（   ）

6. 凡以房屋为载体，不可随意移动的附属设备和配套设施，无论在会计核算中是否单独记账与核算，都应计入房产原值，计征房产税。（   ）

四、思考题

1. 简述房产税的概念及其征收范围。

2. 房产税的纳税义务人包括哪些？

3. 房产税税率分为多少档，对应适用情况是什么？

4. 房产税的计税依据是什么？

12-4 第十二章
思考题答案

五、计算问答题

1. 韩氏企业 2024 年共有房产原值 5 000 万元，从该年 1 月 1 日起，企业将原值 3 000 万元的房屋出租给某商场存放货物，租期 1 年，每月租金收入 30 万元。（注：房产余值的扣除比例为 25%。）

要求：计算该韩氏企业 2024 年应缴纳的房产税。

2. 丙企业将其与办公楼相连的地下停车场和另一独立的地下建筑物改为地下生产车间，2024 年 2 月办理竣工手续，3 月投入使用，停车场原值 120 万元，地下建筑物原价 250 万元，该企业所在省财政和地方税务部门确定地下建筑物的房产原价的折算比例为 50%，房产原值扣除比例为 20%。

要求：计算该企业以上两处地下建筑物 2024 年 3 月至 12 月应缴纳房产税。

3. JY 食品加工厂 2024 年拥有房产原值共计 8 000 万元，部分房产的具体情况如下：

（1）年初将一栋原值为 3 250 万元的房产用于对外投资联营，参与投资利润分红，共担风险。

（2）9 月中旬将一栋原值为 240 万元的仓库用于对外出租，每月不含增值税的租金收入 6 万元。

（3）年中对一栋原值为 1 120 万元的办公楼进行改建，更换了电梯设备，将原值 60 万元的旧电梯更换为 100 万元的新电梯；新增了中央空调，价值 15 万元，10 月底完工并办理了验收手续。

12-5 第十二章
计算问答题答案

其他相关资料：当地省政府规定计算房产余值的扣除比例为 20%。

要求：计算 JY 食品加工厂 2024 年应缴纳的房产税。

六、案例分析题

李某诉上海某房地产投资咨询分公司等买卖合同纠纷案，案件要旨：陈某委托黎某卖其所有的产权房屋，黎某遂委托包括被告某公司在内的房屋中介公司挂牌出卖，之后被告分公司通知黎某，原告有购买该房的意向，黎某于 2024 年 8 月带原告去看该房屋，并言明房屋价格为人民币 83 000 元。原告看完房屋后表示愿意购买，当时双方商定该房屋价格为 83 000 元。后来原告与分公司签订房屋转让协议书，协议书上的甲方（房屋转让方）署名为黎某和分公司职员石某，协议书尾部落款处甲方位置盖有被告上海某房地产分公司的印章。协议约定被告将该房屋转让给原告，房款为 83 000 元。原告于当年 8 月向被告支付全部房款 83 000 元。

8 月 30 日，原告与陈某在房屋交易中心办理房屋过户登记时，按交易中心要求，又填了一份该房屋的买卖合同，原告和分公司双方为少交税款而将购房款写为 65 000 元。该房屋已办妥过户到原告名下的手续。原告对比两份合同，认为其中差价 18 000 元被分公司暗中赚取，向分公司索要，遭分公司拒绝，故涉讼。

原告李某诉称：根据原告与被告分公司石某于 8 月 28 日签订的一份房屋《转让协议书》，被告分公司将该房屋转让给原告，商定该房屋转让款为人民币 83 000 元。2024 年 8 月 30 日，原告和产权人陈某签订《上海市房地产买卖合同》一份，根据合同约定，房屋转让价为 65 000 元，同日，原告和陈某办理了房屋过户手续。原告认为分公司不是房屋的产权人，无权对该房屋进行转让；且当初说是场区房屋，但实际房屋并非场区，按照当时市场差异不足 83 000 元，被告分公司存在欺诈，故转让协议书无效。且两份合同的售房价款差额 18 000 元，而陈某只认可 65 000 元，故该差价 18 000 元被分公司暗吞。因被告上海某房地产公司是母公司，有管理之责，故原告起诉来院请求判令：（1）原告与被告分公司签订的 2024 年 8 月 28 日房屋《转让协议书》无效；（2）被告分公司返回原告多收取的房款 18 000 元；（3）被告房地产公司对原告第一、第二项诉请承担连带清偿责任。开庭审理时原告增加诉讼请求，要求确认与陈某签订的《上海市房地产买卖合同》有效。

黎某述称该房屋是陈某委托其出卖，约定房款为 55 000 元，多卖的房款部分归黎某。后通过中介挂牌出售，之后分公司通知其原告有购买该房的意向，遂带原告去看该出售的房屋，当时告诉原告房价为 83 000 元，原告表示同意购买，看房回来后原告就和分公司签订了转让协议。之后原告通过分公司支付了房款 83 000 元。

［审判］上海市人民法院判决：原告李某与被告上海某房地产投

《税法》学习指导

资咨询公司分公司签订的 2024 年 8 月 28 日房屋《转让协议书》有效；原告李某与陈某签订的《上海市房地产买卖合同》无效；原告李某要求被告上海某房地产投资咨询公司分公司返还原告李某多收的房款人民币 18 000 元的诉请，不予支持；原告李某要求被告上海某房地产投资咨询公司承担连带责任的诉请，不予支持。

思考一：房屋买卖双方在交易过程中共签订了两份合同，为何原告李某与陈某签订的《上海市房地产买卖合同》无效？

思考二：签订阴阳合同可能会给纳税人带来哪些风险？

思考三：房产税的意义和作用是什么？

思考四：企业应如何避免此类事件再次发生？

12-6 第十二章
案例分析题答案

124

第十三章
契　税

一、单项选择题

1. 下列各项中，应缴纳契税的是（　　）。
   A. 销售房屋的企业
   B. 企业受让土地使用权
   C. 企业将厂房抵押给银行
   D. 个人承租居民住宅

2. 下列各项中，属于契税纳税人的是（　　）。
   A. 以买房拆料为目的取得房屋权属的李某
   B. 出让土地使用权的国土资源管理局
   C. 以土地作价入股的投资方
   D. 购入国有土地使用权进行房地产开发的单位

3. 契税采用（　　）。
   A. 累进税率　　　　　　　　　B. 比例税率
   C. 定额税率　　　　　　　　　D. 其他税率

4. 购买家庭唯一住房，面积小于等于 90 平方米的，适用的契税税率为（　　）。
   A. 1%　　　　B. 1.5%　　　　C. 2%　　　　D. 3%

5. 居民丙和居民丁由于工作地点的原因，双方约定互相交换住房，丙的房屋价值 100 万元，丁的房屋价值 130 万元，差价款 30 万元由丙单独支付给丁，双方签订房屋权属转移合同并按规定办理了房屋产权过户手续。下列关于契税的表述正确的是（　　）。
   A. 丙丁双方均应缴纳契税
   B. 丙丁双方均不缴纳契税
   C. 丙应缴纳契税、丁不缴纳契税
   D. 丙不缴纳契税、丁应缴纳契税

6. 关于契税的计税依据，下列说法正确的是（　　）。

A. 土地使用权赠予、房屋赠予，由征收机关参照土地使用权出售、房屋买卖的市场价格核定

B. 土地使用权交换的，以交换的土地使用权的价格作为计税依据

C. 采用分期付款方式购买房屋附属设施土地使用权、房屋所有权的，应按合同确定的当期支付价款为计税依据

D. 以划拨方式取得土地使用权的，经批准转让房地产，由房地产转让方补缴契税，计税依据为转让房地产成交价格

7. 关于契税，下面说法不正确的是（　　）。

A. 城镇职工按规定第一次购买公有住房，免征契税

B. 承受国有土地使用权，减免土地出让金并相应减免契税

C. 买房拆料或翻建新房，应照章征收契税

D. 对已缴纳契税的购房单位和个人，在未办理房屋权属变更登记前退房的，退还已纳契税

8. 某学校将一栋闲置不用的房屋转让给甲公司，当年学校以无偿划拨方式取得土地使用权。按规定，下列说法正确的是（　　）。

A. 仅受让公司缴纳契税

B. 学校和公司均不负担契税

C. 学校在转让时不缴纳契税

D. 学校补缴土地使用权的契税，公司缴纳房屋买卖的契税

9. 陈某拥有面积为 140 平方米的住宅一套，价值 90 万元。李某拥有面积为 120 平方米的住宅一套，价值 68 万元。两人进行房屋交换，差价部分黄某以现金补偿林某。已知契税适用税率为 3%，李某应缴纳的契税税额为（　　）万元。（上述金额均不含增值税）

A. 4.8　　　　B. 2.88　　　　C. 2.16　　　　D. 0.66

10. 富豪企业破产清算时，其房地产评估价值为 5 000 万元，其中以价值 3 500 万元的房地产抵偿债务，将价值 1 500 万元的房地产进行拍卖，拍卖收入 1 600 万元。债权人获得房地产后，与他人进行房屋交换，取得额外补偿 300 万元。各方当事人应缴纳契税合计（　　）万元（适用契税税率 3%）。

A. 15　　　　B. 36　　　　C. 57　　　　D. 126

13-1　第十三章
单项选择题答案

二、多项选择题

1. 依据契税相关规定，下列行为属于契税征税范围的有（　　）。

A. 房屋出租　　　　　　　　B. 国有土地使用权出让

C. 房屋买卖　　　　　　　　D. 房屋赠予

2. 下列各项中，属于契税纳税人的有（　　）。

A. 以买房拆料为目的取得房屋权属的张某

B. 出让土地使用权的国土资源管理局

C. 以土地作价入股的投资方

D. 购入国有土地使用权进行房地产开发的单位

3. 下列关于契税计税依据的说法正确的有（　　）。

A. 房屋交换，交换价格不等时，以多支付的货币、实物、无形资产或者其他经济利益为计税依据

B. 以划拨方式取得土地使用权，经批准转让房地产时，计税依据为补缴的土地使用权出让费用或者土地收益

C. 减免承受国有土地使用权应支付的土地出让金，契税相应减免

D. 国有土地使用权出让、土地使用权出售、房屋买卖，以成交价格为计税依据

4. 居民小张有四套住房，第一套价值78万元的房产自用，将第二套价值135万元的别墅抵偿了小陈110万元的债务；将第三套价值100万元的房产与小丁的房产交换，并收到小丁支付的差价款26万元；将第四套市场价值60万元的公寓房折成股份投入本人独资经营的企业。当地确定的契税税率为3%，下列说法正确的有（　　）。

A. 小张不缴纳契税，小陈缴纳契税33 000元，小丁缴纳契税7 800元

B. 小张缴纳契税23 400元，小陈缴纳契税33 000元，小丁不缴纳契税

C. 小张、小陈交换房产，应该由小丁缴纳契税

D. 小张将房产投资到本人经营的个人独资企业，应缴纳契税

5. 戴先生是顺润企业债权人，2024年8月该企业破产，戴先生获得抵债的店面一间，评估价35万元；次月戴先生将店面作价50万元投资于丰开企业并办理产权变更登记手续；另外，丰开企业购买了顺润企业70万元的房产。下列说法中，正确的有（　　）（契税税率为3%）。

A. 戴先生承受破产企业的店面免征契税

B. 丰开企业应缴纳契税3.6万元

C. 戴先生将店面投资需要缴纳契税

D. 破产企业应缴纳契税2.5万元

6. 根据契税法相关规定，下列表述正确的有（　　）。

A. 契税一旦征收，不再退还

B. 各级征收机关对契税停止代征委托，直接征收契税

C. 契税的纳税义务发生时间是办理产权转移手续的当天

D. 契税在土地、房屋所在地的征收机关缴纳

7. 契税纳税义务的发生时间有（　　　）。

　　A. 签订土地、房屋权属转移合同的当天

　　B. 签订土地、房屋权属转移合同的次日

　　C. 取得具有产权转移合同性质凭证的当天

　　D. 实际取得房地产产权证的当天

8. 下列情形中，免征契税的有（　　　）。

　　A. 承受荒山加以利用的

　　B. 因不可抗力灭失住房而重新购买住房的

　　C. 非公司制企业改为有限公司后，承受原土地、房屋权属的

　　D. 债权人承受破产企业抵偿债务的土地、房屋权属

9. 根据契税现行政策的规定，下列表述正确的有（　　　）。

　　A. 不动产成交价格明显低于市场价格且无正当理由的，税务机关可参照市场价格核定契税的计税依据

　　B. 企业将一处房产转让给某社会团体用于办公，该社会团体属事业单位，因而此转让行为承受方不缴纳契税

　　C. 对个人购买家庭唯一住房，面积为 90 平方米以上的，减按 1% 的税率征收契税

　　D. 采取分期付款方式购买房屋附属设施土地使用权的，应按合同规定的总价款计征契税

10. 根据契税的相关规定，下列关于契税的退还，说法正确的有（　　　）。

13-2　第十三章
多项选择题答案

　　A. 对已缴纳契税的购房单位和个人，在办理房屋权属变更登记后退房的，退还已缴纳契税

　　B. 对已缴纳契税的购房单位和个人，在未办理房屋权属变更登记前退房的，退还已缴纳契税

　　C. 对已缴纳契税的购房单位和个人，在办理房屋权属变更登记后退房的，不退还已缴纳契税

　　D. 对已缴纳契税的购房单位和个人，在未办理房屋权属变更登记前退房的，不退还已缴纳契税

三、判断题

1. 以实物交换房屋的，应以差价部分作为契税的计税依据。

　　　　　　　　　　　　　　　　　　　　　　　　　　　　（　　　）

2. 法定继承人继承房产不需要缴纳契税。　　　　（　　　）

3. 采用分期付款方式购买的房屋参照市场价格核定计税依据。

　　　　　　　　　　　　　　　　　　　　　　　　　　　　（　　　）

4. 承受国有土地使用权，国家免收土地出让金的，应免缴纳契税。　　　　　　　　　　　　　　　　　　　　　（　　　）

5. 由于不能偿还银行贷款，银行将被抵押的房产变卖，属于契税征收范围。（　　）

6. 纪先生向李先生无偿赠送一套市场价格为 60 万元的住房，同时李先生向纪先生赠送一幅市场价格为 20 万元的书画作品，李先生应以 40 万元为计税依据缴纳契税。（　　）

13 –3　第十三章
判断题答案

四、思考题

1. 请问契税的课税对象是什么？
2. 请问契税的征税范围有哪些？
3. 根据现行契税有关规定，有些特殊方式转移土地房屋权属的，也将视同土地权转让、房屋买卖行为征收契税。请问这些特殊方式具体有哪些？
4. 请简述个人购买住房，在不同情形下可享受的契税优惠政策。
5. 请辨析房屋赠予与房屋继承的区别。

13 –4　第十三章
思考题答案

五、计算问答题

1. 某企业 2024 年度有关资料如下：
a. 购买土地使用权，出让金额为 1 200 万元；
b. 外单位用房屋抵偿债务，房屋价值 330 万元，现值 450 万元；
c. 企业用价值 110 万元的房屋与另一企业价值 190 万元的房屋交换；
d. 接受某企业房屋捐赠，双方协商价值为 130 万元，市场同类房屋价值为 170 万元；
e. 购买房屋一幢，成交价格为 6 500 万元。

当地规定的契税税率为 4%。根据上述资料，请计算该企业当年应纳契税税额。

2. 居民刘先生 2024 年购置了一套价值 140 万元的新住房，同时对原有的两套住房处理如下：一套出售给居民陈先生，成交价格 90 万元；另一套市场价格 80 万元的住房与居民杨先生进行等价交换。

当地省政府规定的契税税率为 4%，根据上述资料，请计算居民 2024 年共应缴纳的契税税额。

13 –5　第十三章
计算问答题答案

六、案例分析题

1. 2023 年 8 月，在北京法院开庭审理的一宗"奇案"。该案的焦点是：桑女士卖 20 年前房产被征税 79 万元，而房产证未超五年。

据原告桑女士诉称，1996 年 8 月，其在北京买了一套商品房。2003 年，房地产开发商统一办理房产证，而他们全家都在深圳，所以一直没办房产证。去年，她考虑卖掉房子，并于 2023 年 9 月办下了房产证。

2023年10月，桑女士将该套房卖了500万元。2023年11月，桑女士与买主到海淀地税办理房屋过户，窗口工作人员审核其材料，称其购房"未满5年，不能享受营业税、个人所得税等减免政策"。最终，桑女士被征缴税费79万余元。但是，桑女士认为，该房早满5年，应享受减税政策，故先后向海淀地税二所、海淀地税局提出行政复议。两家单位均出具行政复议决定，认为征税合法。

对此，海淀区地税局代理人在庭上辩称，桑女士的契税是在2023年5月缴的，房产证是在2023年10月办的，没满5年。2024年1月，海淀地税局就此案举行了公开审理会议，审查结果仍是桑女士购房时间不足5年，故海淀地税二所对桑女士征税的行政行为合法有效。

思考一：请简述契税的纳税义务发生时间和纳税期限。

思考二：作为纳税个人，如何规避契税税务风险？

2. 卫发公司成立于2013年7月，注册资本12 000万元，主要从事房地产开发经营业务。2023年9月卫发公司以招拍挂方式取得一块4 000平方米的国有土地使用权，合同约定土地出让金金额为5 500万元，市政建设配套费180万元。2023年12月卫发公司取得该土地使用权证，在开发中又发生拆迁补偿款1 300万元，支付安置补助费420万元。2024年8月，卫发公司所开发的房地产项目经批准调整容积率，补缴土地出让金1 000万元，由此增加市政建设配套费43万元。

卫发公司的李会计进行契税纳税申报时，以土地出让金5 500万元，市政建设配套费180万元为契税计税依据缴纳契税206.4万元。

思考一：卫发公司契税纳税申报税额正确吗？请说明原因并给出结论。

13-6 第十三章
案例分析题答案

思考二：你对卫发公司及李会计有什么建议吗？

思考三：你认为契税税收政策逐年的变化调整对我国经济和国民生活有何积极意义？

第十四章
土 地 增 值 税

一、单项选择题

1. 下列各项需要缴纳土地增值税的是 （   ）。
   A. 出让国有土地使用权　　　B. 转让国有土地使用权
   C. 房地产的继承　　　　　　D. 出租房地产

2. 土地增值税按照纳税人转让房地产所取得的 （   ） 和规定的税率计算征收。
   A. 收入额　　　B. 所得额　　　C. 增值额　　　D. 利润额

3. 下列应征土地增值税的项目为 （   ）。
   A. 合作建房，建成后自用　　　B. 以房地产进行联营投资
   C. 企业进行房地产交换　　　　D. 国家征用的房地产

4. 纳税人建造普通标准住宅出售，增值额超过扣除项目金额20%的，应就其 （   ） 按规定计算缴纳土地增值税。
   A. 超过部分的金额　　　　　B. 全部增值额
   C. 扣除项目金额　　　　　　D. 出售金额

5. 某单位转让一幢2008年购买的厂房，当时的购买价为700万元。经房地产评估机构评定，该楼的重置成本为2 000万元，成新度折扣率为七成。在计算土地增值税时，该楼的评估价格为 （   ） 万元。
   A. 1 000　　　B. 1 200　　　C. 1 350　　　D. 1 400

6. 下列房地产转让行为中应征收土地增值税的是 （   ）。
   A. 企业分设为两个或两个以上与原企业投资主体相同的企业，对原企业将国有土地、房屋权属转移、变更到分立后的企业
   B. 出租土地使用权
   C. 用于贷款抵押期间的房地产
   D. 单位之间相互交换的房地产

7. 根据土地增值税有关规定，纳税人提供扣除项目金额不实的，在计算土地增值额时，应按照（   ）。

  A. 税务部门估定的价格扣除

  B. 税务部门与房地产主管部门协商的价格扣除

  C. 由评估机构按照房屋重置成本价乘以成新度折扣率计算的房屋成本价和取得土地使用权时的基准地价进行评估

  D. 房地产原值减除 30% 后的余值扣除

8. 某房地产开发公司转让新建一幢写字楼取得不含增值税收入 1 000 万元。已知该公司为取得土地使用权所支付的金额为 50 万元，房地产开发成本为 200 万元，房地产开发费用为 40 万元（经税务机关批准可全额扣除），与转让房地产有关的税金为 60 万元（不含增值税和印花税）。该公司应缴纳的土地增值税为（   ）万元。

  A. 180   B. 240   C. 300   D. 360

9. 某房地产开发公司整体出售了其新建的商品房，与商品房相关的土地使用权支付额和开发成本共计 10 000 万元；该公司没有按房地产项目计算分摊银行借款利息（开发费用扣除比例按国家规定允许的最高比例执行）。计算确认该商品房项目缴纳土地增值税时，应扣除的"房地产开发费用"和"其他扣除项目"的金额合计为（   ）万元。

  A. 1 500   B. 2 000   C. 2 500   D. 3 000

10. 土地增值额计算过程中，不允许按实际发生额扣除的项目是（   ）。

  A. 房地产开发成本   B. 地价款

  C. 房地产开发费用   D. 城市维护建设税

11. 对房地产开发企业进行土地增值税清算时，下列表述不正确的是（   ）。

  A. 房地产开发企业的预提费用，除另有规定外，不得扣除

  B. 主管税务机关应及时对纳税人清算申报的收入、扣除项目金额、增值额、增值率以及税款计算等情况进行审核，依法征收土地增值税

  C. 在土地增值税清算中，计算扣除项目金额时，其实际发生的支出应当取得但未取得合法凭据的可以作为扣除项目扣除

  D. 房地产开发企业销售已装修的房屋，其装修费用可以计入房地产开发成本

12. 对房地产开发企业进行土地增值税清算，下列表述不正确的是（   ）。

  A. 房地产开发企业的预提费用，除另有规定外，不得扣除

B. 房地产开发企业将开发的部分房地产自用的，产权未转移，不征收土地增值税

C. 在土地增值税清算中，计算扣除项目金额时，其实际发生的支出一律可以直接据实扣除

D. 房地产开发企业销售已装修房屋，装修费可以扣除

13. 房地产开发企业进行土地增值税清算时，下列各项中，允许在计算增值额时扣除的是（　　）。

A. 加罚的利息

B. 已售精装修房屋的装修费用

C. 逾期开发土地缴纳的土地闲置费

D. 未取得建筑安装施工企业开具发票的扣留质量保证金

14. 某房地产开发企业 2024 年开发一幢写字楼，当年完工并全部销售，与建筑安装施工企业签订的合同中约定，工程款共计 6 000 万元，房地产开发企业扣留建筑安装施工企业 20% 的工程款，作为开发项目的质量保证金。工程完工后，房地产企业支付给建筑安装施工企业工程款 4 800 万元。建筑安装施工企业就全部工程款 6 000 万元开具了发票，则房地产开发企业计算土地增值税时可以扣除的金额为（　　）万元。

A. 0　　　　　B. 1 200　　　　C. 4 800　　　　D. 6 000

15. 某企业转让旧房作为公共租赁住房房源，取得收入 113 万元，按规定计算的扣除项目为 100 万元，计算应缴纳的土地增值税为（　　）万元。

A. 0　　　　　B. 3.9　　　　C. 5.2　　　　D. 1.3

16. 某市因旧城改造，需要张某搬迁住房，张某自行将住房转让给相关政府部门，取得收入 350 万元，该房地产购买时支付价款 210 万元，评估价格为 300 万元，则张某应缴纳的土地增值税为（　　）万元。

A. 0　　　　　B. 15　　　　C. 17　　　　D. 13

17. 下列行为不属于土地增值税征税范围的是（　　）。

A. 刘某将房产赠予其女儿入股的有限责任公司

B. 以房产抵债

C. 蓝天公司通过中国红十字会将房产赠予中国残疾人联合会

D. 蓝天公司将房产赠予给其提供贷款的银行

18. 下列情形中，应当计算缴纳土地增值税的是（　　）。

A. 工业企业向房地产开发企业转让国有土地使用权

B. 房产所有人通过希望工程基金会将房屋产权赠予西部教育事业

C. 甲企业出资金、乙企业出土地，双方合作建房，建成后按比例分房自用

D. 房地产开发企业代客户进行房地产开发，开发完成后向客户收取代建收入

19. 下列关于土地增值税的说法，正确的是（　　）。

A. 纳税人之间互换房地产，免征土地增值税

B. 合作建房，建成后按比例分房自用的，暂免征收土地增值税

C. 计算增值额时，扣除项目中不包括印花税

D. 企业以房地产投资入股，暂不征收土地增值税

20. 下列关于土地增值税提供扣除项目金额不实的说法中，错误的是（　　）。

A. 提供扣除项目金额不实的是指纳税人在纳税申报时不据实提供扣除项目金额的行为

B. 应由评估机构参照同类房地产的市场交易价格进行评估

C. 应由评估机构按照房屋重置成本价乘以成新度折扣率计算的房屋成本价和取得土地使用权时的基准地价进行评估

D. 税务机关根据评估价格确定扣除项目金额

21. 甲某转让其一处空余房产，按规定计算的扣除项目为 30 万元，增值额为 10 万元，则计算应纳土地增值税时适用的税率为（　　）。

    A. 60%　　　　B. 30%　　　　C. 40%　　　　D. 50%

22. 土地增值税采用四级超率累进税率，其中 60% 税率对应的速算扣除系数为（　　）。

    A. 0　　　　B. 5%　　　　C. 15%　　　　D. 35%

23. 土地增值税的纳税人是法人的，如果转让的房地产坐落地与其机构所在地或经营所在地不一致时，则应在（　　）的税务机关申报纳税。

    A. 房地产坐落地所管辖　　　　B. 机构所在地所管辖

    C. 经营所在地所管辖　　　　D. 房地产转让实现地

24. 纳税人在项目全部竣工前取得的收入可以预征土地增值税，具体办法由（　　）制定。

A. 国家税务总局

B. 各省、自治区、直辖市地方税务局

C. 各省、自治区、直辖市国家税务局

D. 各省、自治区、直辖市人民政府

25. 根据土地增值税的有关规定，下列说法正确的是（　　）。

A. 除保障性住房外，东部地区省份预征率不得低于 1%

B. 土地增值税的纳税人应在转让房地产合同签订后的 10 日内到房地产所在地主管税务机关办理纳税申报

C. 纳税人因经常发生房地产转让而难以在每次转让后申报的，经税务机关审核同意后，可以定期进行纳税申报，定期申报方式确定后，一年之内不得变更

D. 土地增值税纳税人应向户籍所在地主管税务机关办理纳税申报

26. 下列关于土地增值税纳税地点的表述中，不正确的是（   ）。

A. 土地增值税的纳税人应该向其房地产所在地的主管税务机关办理纳税申报

B. 自然人纳税人转让的房地产坐落地与其居住所在地不一致的，应在房地产所在地的税务机关申报纳税

C. 法人纳税人转让的房地产坐落地与其机构所在地一致的，应在办理税务登记的原管辖税务机关申报纳税

D. 法人纳税人转让的房地产坐落地与其机构所在地不一致的，应在房地产的坐落地所管辖的税务机关申报纳税

14 - 1 第十四章
单项选择题答案

二、多项选择题

1. 《中华人民共和国土地增值税暂行条例》规定的计算增值额的扣除项目有（   ）。

A. 取得土地使用权所支付的金额

B. 开发土地的成本、费用

C. 与转让房地产有关的税金

D. 新建房及配套设施的成本、费用

2. 土地增值税的征税范围包括（   ）。

A. 转让国有土地使用权

B. 出让国有土地使用权

C. 地上建筑物及附着物连同国有土地使用权一并转让

D. 以赠予方式转让房地产

3. 下列情形中，纳税人应当进行土地增值税清算的有（   ）。

A. 直接转让土地使用权的

B. 整体转让未竣工决算房地产开发项目的

C. 房地产开发项目全部竣工并完成销售的

D. 取得销售（预售）许可证满 2 年仍未销售完的

4. 房地产开发企业进行土地增值税清算时，下列各项中，不允许在计算增值额时扣除的有（   ）。

A. 加罚的利息

B. 已售精装修房屋的装修费用

C. 逾期开发土地缴纳的土地闲置费

D. 未取得建筑安装施工企业开具发票的扣留质量保证金

5. 下列项目中，属于土地增值税免税范围的有（　　）。

A. 因城市规划，由纳税人自行转让原房产

B. 因国家建设需要而自行转让的房地产

C. 企业转让旧房作为公共租赁住房房源，且增值额未超过扣除项目金额的20%

D. 税务机关转让自用的房产

6. 以下不属于土地增值税征税范围的有（　　）。

A. 国家出让土地使用权取得的收入

B. 国有企业房地产的重新评估升值

C. 房地产的抵押

D. 将房地产赠予直系亲属

7. 某企业转让一处土地使用权，在办理纳税申报时，应向税务机关提交的资料有（　　）。

A. 土地增值税纳税申报表

B. 土地使用权证书

C. 土地转让合同

D. 与转让土地使用权有关的其他资料

8. 计算土地增值税时，下列费用准予从收入总额中扣除的有（　　）。

A. 耕地占用税

B. 开发小区的排污费、绿化费

C. 安置动迁用房的支出

D. 超过贷款期限的利息和加罚的利息支出

9. 转让旧房产，计算其土地增值税增值额时准予扣除的项目有（　　）。

A. 旧房产的评估价格　　　　B. 支付评估机构的费用

C. 建造旧房产的重置成本　　D. 转让环节缴纳的各种税费

10. 转让旧房产，在计算其土地增值税增值额时准予扣除的项目有（　　）。

A. 旧房产的评估价格

B. 支付评估机构的费用

C. 印花税

D. 建造旧房的成本减去累计折旧后的余额

11. 下列关于房地产企业土地增值税清算中拆迁安置费的说法正确的有（　　）。

A. 开发企业采取异地安置，异地安置的房屋属于自行开发建造的，房屋价值按规定计算，计入本项目的拆迁补偿费

B. 异地安置的房屋属于购入的，以实际支付的购房支出计入拆迁补偿费

C. 货币安置拆迁的，房地产开发企业凭合法有效凭据计入拆迁补偿费

D. 回迁户支付给房地产开发企业的补差价款，不抵减本项目拆迁补偿费

12. 下列属于土地增值税免税或者不征税范围的有（   ）。

A. 房产所有人将房产赠予直系亲属

B. 个人之间互换自有居住用房地产

C. 个人转让经营性房产

D. 因国家建设需要而搬迁的，由纳税人自行转让原房地产

13. 下列各项中，符合土地增值税征收管理有关规定的有（   ）。

A. 纳税人建造普通标准住宅出售，增值额未超过扣除项目金额20%的，减半征收土地增值税

B. 纳税人建造普通标准住宅出售，增值额未超过扣除项目金额20%的，免征土地增值税

C. 纳税人建造普通标准住宅出售，增值额超过扣除项目金额20%的，应对其超过部分的增值额按规定征收土地增值税

D. 纳税人建造普通标准住宅出售，增值额超过扣除项目金额20%的，应就其全部增值额按规定征收土地增值税

14. 下列选项中，不需要缴纳土地增值税的有（   ）。

A. 按照法律规定或者合同约定，两个或两个以上企业合并为一个企业，且原企业投资主体存续的，对原企业将国有土地、房屋权属转移、变更到合并后的企业

B. 房地产评估增值

C. 按照法律规定或者合同约定，企业分设为两个或两个以上与原企业投资主体相同的企业，对原企业将国有土地、房屋权属转移、变更到分立后的企业

D. 企业交换房产

15. 下列关于土地增值税征税范围的说法中，表述正确的有（   ）。

A. 土地增值税是对转让国有土地使用权及其地上建筑物和附着物的行为征税，不包括国有土地使用权出让所取得的收入

B. 对房地产的抵押，需要征收土地增值税

C. 企业改制重组中有关土地增值税政策不适用于房地产开发企业

D. 单位、个人在改制重组时以国有土地、房屋进行投资，对其将国有土地、房屋权属转移、变更到被投资的企业，暂不征土地增值税

16. 下列各项行为中，不需要缴纳土地增值税的有（　　）。

A. 甲企业与乙企业之间交换办公楼

B. 非公司制企业整体改建为有限责任公司或者股份有限公司，对改建前的企业将国有土地、房屋权属转移、变更到改建后的企业

C. 两个或两个以上企业合并为一个企业，且原企业投资主体存续的，对原企业将国有土地、房屋权属转移、变更到合并后的企业

D. 因国家收回国有土地使用权而使房地产权属发生转让

17. 下列关于增值额的确定的说法正确的有（　　）。

A. 土地增值税纳税人转让房地产所取得的收入减去除规定的扣除项目金额后的余额，为增值额

B. 隐瞒、虚报房地产成交价格的，应由评估机构参照同类房地产的市场交易价格进行评估

C. 房地产评估价格是指由政府批准设立的房地产评估机构根据相同地段、同类房地产进行综合评定的价格

D. 提供扣除项目金额不实的，应由评估机构参照同类房地产的市场交易价格进行评估

18. 下列说法中，不符合土地增值税的有关规定的有（　　）。

A. 纳税人提供扣除项目金额不实的，应按照税务部门估定的价格扣除

B. 纳税人提供扣除项目金额不实的，应按照房地产原值减除30%后的余值扣除

C. 纳税人提供扣除项目金额不实的，应按照税务部门与房地产主管部门协商的价格扣除

D. 纳税人提供扣除项目金额不实的，应按照由评估机构按照房屋重置成本价乘以成新度折扣率计算的房屋成本价和取得土地使用权时的基准地价进行评估

19. 下列属于土地增值税纳税人的有（　　）。

A. 不论法人与自然人，只要有偿转让房地产的

B. 不论经济性质，只要有偿转让房地产的

C. 不论内资与外资企业、中国公民与外籍个人，只要有偿

　　转让房地产的

　　D. 不论部门，只要有偿转让房地产的

20. 下列可以作为土地增值税纳税人的有（　　）。

　　A. 医院　　　　　　　　　　B. 个体户

　　C. 大学　　　　　　　　　　D. 合资企业

21. 下列属于土地增值税纳税义务人的有（　　）。

　　A. 社会团体　　　　　　　　B. 外商投资企业

　　C. 个人　　　　　　　　　　D. 事业单位

22. 下列各项中，应当缴纳土地增值税的纳税人有（　　）。

　　A. 与国有企业换房的外资企业

　　B. 合作建房后出售房产的合作企业

　　C. 转让办公楼的事业单位

　　D. 出让国有土地使用权的自然资源管理部门

23. 下列关于土地增值税税率说法正确的有（　　）。

　　A. 最高税率为60%　　　　　B. 最高税率为100%

　　C. 最低税率为30%　　　　　D. 最低税率为20%

24. 关于土地增值税，下列说法中正确的有（　　）。

　　A. 土地增值税采用超额累进税率

　　B. 适用增值税一般计税方法的纳税人，其转让房地产的土
　　　地增值税应税收入不含增值税销项税额

　　C. 适用简易计税方法的纳税人，其转让房地产的土地增值
　　　税应税收入不含增值税应纳税额

　　D. 土地增值税预征的计征依据 = 预收款 − 应预缴增值税
　　　税款

25. 下列关于土地增值税纳税地点的表述中，正确的有（　　）。

　　A. 土地增值税的纳税人应该向其房地产所在地的主管税务
　　　机关办理纳税申报

　　B. 自然人纳税人转让的房地产坐落地与其居住所在地不一
　　　致的，应在经常居住地所在地的税务机关申报纳税

　　C. 法人纳税人转让的房地产坐落地与其机构所在地一致的，
　　　应在办理税务登记的原管辖税务机关申报纳税

　　D. 法人纳税人转让的房地产坐落地与其机构所在地不一致
　　　的，应在房地产的坐落地所管辖的税务机关申报纳税

26. 下列各项中应缴纳土地增值税的纳税人有（　　）。

　　A. 与国有企业换房的某医院

　　B. 合作建房后出售房产的合作企业

　　C. 转让办公楼的事业单位

　　D. 自然资源管理部门出让土地使用权

14 −2　第十四章
多项选择题答案

三、判断题

1. 土地增值税只对新建房屋建筑物的转让征税，而对已使用过的房屋建筑物的转让，不征土地增值税。（　　）

2. 纳税人建造普通标准住宅出售，增值额未超过扣除项目金额20%的，免征土地增值税；增值额超过扣除项目金额20%的，应就其超过20%的部分计算征收土地增值税。（　　）

3. 个人转让、交换自有居住用房，经税务机关核准同意，可免征土地增值税。（　　）

14-3　第十四章
判断题答案

4. 个人因工作调动和改善居住条件而转让原自有住房，经向税务机关申报核准，凡居住满3年未满5年的，免于征收土地增值税。（　　）

5. 纳税人转让旧房及建筑物时，为确定房地产的评估价值而发生的评估费用，允许在计算土地增值税时予以扣除。（　　）

四、简答题

1. 房屋的继承与赠予在什么情况下不征收土地增值税？
2. 简要描述计算土地增值税增值额时允许扣除的项目有哪些。

14-4　第十四章
简答题答案

五、计算问答题

1. 某市房地产开发公司为一般纳税人，2024年7月转让2019年自建的写字楼，取得含增值税收入1 000万元。土地增值税计算中为取得土地使用权所支付的金额为50万元，房地产开发成本为200万元，房地产开发费用为40万元（经税务机关批准可全额扣除），与转让房地产有关的税金为9.41万元（不含增值税和印花税），开发公司选择一般计税方法。该公司应缴纳的土地增值税为多少？

2. 某市房地产开发公司为增值税一般纳税人，转让一幢写字楼取得含增值税收入1 000万元，签订了产权转移书据。已知该公司为取得土地使用权所支付的金额为50万元，房地产开发成本为200万元，房地产开发费用为40万元，其中利息支出10万元，该公司可以提供金融机构的贷款证明，已知开发费用扣除比例按5%计算，房地产开发公司选择简易计税方法计税，不考虑地方教育附加。该公司应缴纳的土地增值税为多少？

3. 某生产企业在2024年销售一幢8年前建造的办公楼，取得含增值税销售收入1 200万元。该办公楼原值700万元，已计提折旧400万元。经房地产评估机构评估，该办公楼的重置成本为1 400万元，成新度折扣率为五成，销售时缴纳各种税费共计72万元（不含增值税），已知企业选择简易计税方法计税。该生产企业销售办公楼应缴纳土地增值税多少?

4. 2024 年 10 月某房地产开发公司转让新建普通标准住宅一幢,取得不含增值税的转让收入 4 000 万元,转让环节缴纳税款以及有关费用 220 万元(不含增值税和印花税)。已知该公司为取得土地使用权而支付的地价款和有关费用为 1 600 万元,房地产开发成本为 900 万元,利息支出 210 万元(能够按房地产项目计算分摊并提供金融机构证明,但其中有 30 万元属于超过贷款期限的利息)。另知,该公司所在地政府规定的其他房地产开发费用的计算扣除比例为 5%。该公司应缴纳多少土地增值税?

5. 某市第一医院为小规模纳税人,将已使用过的职工宿舍楼转让给当地市政府作为公共租赁住房房源,取得含增值税收入 3 000 万元,合同价税未分别记载。该宿舍楼购买时支付价款 2 000 万元,评估价格为 2 500 万元,不考虑地方教育附加,产权转移书据印花税税率为 0.5‰。则该医院应缴纳的土地增值税为多少万元?

6. 2024 年 12 月某房地产开发公司转让 8 年前购入的一块土地,取得不含增值税的转让收入为 2 800 万元,该土地购进价为 1 200 万元,取得土地使用权时缴纳相关费用 40 万元,转让该土地时缴纳相关税费 35 万元(不含增值税)。该房地产开发公司转让土地应缴纳多少土地增值税?

14 -5　第十四章
计算问答题答案

六、案例分析题

【背景资料】

探讨"企业改制重组有关土地增值税政策"延续实施
对优化经济结构和增强市场活力的影响

2024 年 9 月 22 日财政部税务总局发布 2024 年第 51 号公告《财政部 税务总局关于继续实施企业改制重组有关土地增值税政策的公告》,文件中提到"为支持企业改制重组,优化市场环境,现就继续执行有关土地增值税政策公告如下:企业按照《中华人民共和国公司法》有关规定整体改制,包括非公司制企业改制为有限责任公司或股份有限公司,有限责任公司变更为股份有限公司,股份有限公司变更为有限责任公司,对改制前的企业将国有土地使用权、地上的建筑物及其附着物(以下称房地产)转移、变更到改制后的企业,暂不征收土地增值税"。

【思考】

1. 分析继续实施企业改制重组有关土地增值税政策在当前经济转型期对企业竞争力提升的作用。

2. 讨论该政策如何体现国家对于深化供给侧结构性改革和推动

经济高质量发展的决心与措施。

3. 探究企业改制重组中土地增值税优惠政策对促进产业升级和经济结构优化的贡献。

4. 结合具体案例，评价土地增值税优惠政策在实际操作中对激发市场主体活力的效果。

5. 思考如何在确保税收政策公平性的同时，利用土地增值税政策有效激励企业进行合理的资产重组和业务调整。

【提示】在回答上述问题时，应考虑以下几点：

①企业改制重组的目的与意义，以及在此过程中土地增值税的角色。

②土地增值税优惠政策对企业改革成本的影响及其带来的激励效应。

③税收政策如何助力企业应对市场变化，实现产业转型升级。

④土地资源的合理利用与企业重组之间的关系。

⑤社会整体利益与企业个体利益之间的平衡，以及政策在其中的调节作用。

请结合具体的政策内容和实际案例，对上述问题进行深入分析和论述。

14-6 第十四章
案例分析题答案

第十五章
车 辆 购 置 税

一、单项选择题

1. 纳税人购买下列车辆时，需要缴纳车辆购置税的是（　　）。
   A. 汽车挂车
   B. 地铁、轻轨等城市轨道交通车辆
   C. 排气量不超过一百五十毫升的摩托车
   D. 悬挂应急救援专用号牌的国家综合性消防救援车辆

2. 下列关于车辆购置税的说法中，不正确的是（　　）。
   A. 销售单位开展优质销售活动所开票收取的有关费用，属于经营性收入，应作为价外收入计算征税
   B. 进口自用的应税小汽车的计税价格包括关税完税价格和关税以及消费税
   C. 纳税人自产自用应税车辆的计税价格，按照纳税人生产的同类应税车辆的销售价格确定，不包括增值税税款
   D. 销售汽车的纳税人代收的保险费，一律不计入车辆购置税

3. 某汽车制造厂2024年12月将自产轿车3辆转作本企业固定资产。该汽车制造厂应纳车辆购置税的计税依据是（　　）。
   A. 最高售价
   B. 最低售价
   C. 平均售价
   D. 生产的同类应税车辆的销售价格

4. 下列各项中，可以免缴车辆购置税的是（　　）。
   A. 中国人民解放军列入军队武器装备订货计划的车辆
   B. 2020年购置的挂车
   C. 设有固定装置的运输车辆
   D. 长期来华定居专家购买1辆国产自用小汽车

5. 纳税人应当自纳税义务发生之日起（　　）内申报缴纳车辆

购置税。

    A. 15 日   B. 60 日   C. 30 日   D. 10 日

6. 下列各项中，可以免缴车辆购置税的是（   ）。

    A. 中国人民解放军列入军队武器装备订货计划的车辆

    B. 农用四轮运输车

    C. 设有固定装置的运输车辆

    D. 长期来华定居专家购买 1 辆国产自用小汽车

7. 下列车辆需要缴纳车辆购置税的是（   ）。

    A. 设有固定装置的非运输专用作业车辆

    B. 城市公交企业购置的公共电汽车辆

    C. 部队将特种车改装成后勤车

    D. 国际组织驻华机构人员自用的车辆

8. 汽车销售公司销售小汽车时同时向购买方收取的下列款项，可以征收车辆购置税的是（   ）。

    A. 代办缴税收取的车辆购置税

    B. 收取的集资费

    C. 代办保险收取的保险费

    D. 代办牌照收取的车辆牌照费

9. 关于车辆购置税的申报与缴纳，下列说法不正确的是（   ）。

    A. 纳税人应当在向公安机关交通管理部门办理车辆注册登记前，缴纳车辆购置税

    B. 车辆购置税的纳税义务发生时间为纳税人购置应税车辆的当日

    C. 车辆购置税实行一次性征收

    D. 纳税人应当自纳税义务发生之日起三十日内申报缴纳车辆购置税

10. 依据车辆购置税的有关规定，下列说法中不正确的是（   ）。

    A. 车辆购置税实行定额税率

    B. 应当向车辆登记地的主管税务机关申报纳税

    C. 减免税消失的车辆要缴纳车辆购置税

    D. 相关部门应当建立应税车辆信息共享和工作配合机制，及时交换应税车辆和纳税信息资料

11. 某公司 2024 年 3 月生产某型号小汽车 1 000 辆，成本为 10 万元/辆，当地省级税务机关确定的成本利润率为 12%，当月销售该型号车辆 800 辆，不含税售价为 11.5 万元/辆，当月领用该型号小汽车 2 辆，用于企业办公使用。计算该公司 2024 年 3 月应缴纳车辆购

置税（　　）元。

  A. 9 200 000　　　　　　　B. 9 223 000

  C. 23 000　　　　　　　　D. 22 400

12. 关于车辆购置税的申报与缴纳，下列说法不正确的是（　　）。

  A. 纳税人应当在向公安机关交通管理部门办理车辆注册登记前，缴纳车辆购置税

  B. 车辆购置税的纳税义务发生时间为纳税人购置应税车辆的当日

  C. 车辆购置税实行一次性征收

  D. 纳税人应当自纳税义务发生之日起三十日内申报缴纳车辆购置税

15 - 1　第十五章
单项选择题答案

二、多项选择题

1. 下列车辆应缴纳车辆购置税的有（　　）。

  A. 汽车挂车

  B. 汽车

  C. 有轨电车

  D. 装载机、平地机、挖掘机、推土机等轮式专用机械车

2. 根据车辆购置税法的规定，下列人员中属于车辆购置税纳税义务人的有（　　）。

  A. 应税车辆的捐赠者　　　　B. 应税车辆的购买者

  C. 自产车辆的销售者　　　　D. 应税车辆的进口使用者

3. 下列关于车辆购置税的说法，正确的有（　　）。

  A. 纳税人以其他方式取得并自用的应税车辆的计税价格，由主管税务机关参照最低计税价格核定

  B. 免税条件消失的车辆，使用未满一年的，按最新核发的同类型车辆最低计税价格计税

  C. 已征车辆购置税的车辆退回车辆生产或销售企业，纳税人可以申请退还车辆购置税

  D. 纳税人购买自用应税车辆的计税价格，为纳税人实际支付给销售者的全部价款，不包括增值税税款

4. 下列车辆中，可以免缴车辆购置税的有（　　）。

  A. 中国妇女发展基金会"母亲健康快车"项目的流动医疗车

  B. 领事馆人员自用的车辆

  C. 北京2022年冬奥会和冬残奥会组织委员会新购置车辆

  D. 回国服务的留学人员用现汇购买一辆进口小汽车

5. 下列各项中，符合车辆购置税相关规定的有（　　）。

  A. 购买自用排气量为 200 毫升的摩托车，计税依据是支付的全部价款，不含增值税

  B. 受赠使用车辆不征收车辆购置税

  C. 纳税人进口自用应税车辆的计税价格，为关税完税价格加上关税和消费税

  D. 纳税人自产自用应税车辆的计税价格，按照纳税人生产的同类应税车辆的销售价格确定

  6. 根据《中华人民共和国车辆购置税法》的规定，下列属于车辆购置税应税行为的有（ ）。

  A. 抵债方式取得并使用应税车辆

  B. 获奖使用行为

  C. 购买进口车辆自用的行为

  D. 馈赠车辆的行为

  7. 下列属于车辆购置税免税项目的有（ ）。

  A. 有轨电车

  B. 国际组织驻华机构人员自用车辆

  C. 设有固定装置的非运输专用作业车辆

  D. 获奖后自用的车辆

  8. 下列车辆应缴纳车辆购置税的有（ ）。

  A. 汽车挂车   B. 汽车

  C. 有轨电车   D. 农用运输车

  9. 根据车辆购置税的规定，下列属于车辆购置税应税行为的有（ ）。

  A. 抵债方式取得并自用应税车辆的行为

  B. 获奖自用应税车辆的行为

  C. 购买使用走私车辆的行为

  D. 馈赠车辆的行为

  10. 下列各项中，符合车辆购置税相关规定的有（ ）。

  A. 购买自用排气量为 200 毫升的摩托车的计税依据是支付的全部价款，不含增值税

  B. 受赠使用车辆不征收车辆购置税

  C. 纳税人进口自用应税车辆的计税价格，为关税完税价格加上关税和消费税

  D. 购买者支付的控购费应作为车辆购置税的计税依据

  11. 下列关于车辆购置税的相关规定表述正确的有（ ）。

  A. 不需要办理车辆登记注册手续的纳税人，向纳税人所在地的主管税务机关办理纳税申报

  B. 城市公交企业购置的公共汽电车辆免税

C. 车辆购置税按比例税率征收

D. 自 2019 年 7 月 1 日起，车辆购置税的征税范围包括汽车、摩托车、电车、挂车、农用运输车

12. 下列选项中关于车辆购置税相关规定说法正确的有（　　）。

A. 购置已征车辆购置税的车辆，不再征收车辆购置税

B. 车辆购置税实行一次性征收

C. 需要办理车辆登记注册手续的纳税人，向纳税人所在地的主管税务机关办理纳税申报

D. 依照法律规定应当予以免税的外国驻华使馆人员自用车辆免税

13. 下列各项中，符合车辆购置税计税依据规定的有（　　）。

A. 获奖自用的，计税依据为购置应税车辆时相关凭证载明的不含增值税价格

B. 自产自用的，计税依据为纳税人生产同类应税车辆销售价格（不含增值税）

C. 受赠使用的，计税依据为税务机关核定的计税价格

D. 进口自用的，计税依据为关税完税价格 + 关税 + 消费税

15 -2　第十五章
多项选择题答案

三、判断题

1. 装载机、平地机、挖掘机、推土机等轮式专用机械车、有轨电车应交车辆购置税。　（　　）

2. 应税车辆的进口使用者属于车辆购置税纳税义务人。（　　）

3. 受赠使用车辆不征收车辆购置税。　（　　）

4. 纳税人购置应税车辆，应当向纳税人所在地的主管税务机关申报缴纳车辆购置税。　（　　）

15 -3　第十五章
判断题答案

四、简答题

1. 免税条件消失的车辆办理纳税申报时，应提供哪些资料？

2. 简述车辆购置税减税免税范围的具体规定。

3. 哪些情形下，车购税计税价格为纳税人提供的有效价格证明注明的价格。

15 -4　第十五章
简答题答案

五、计算问答题

1. 某运输企业进口一辆小汽车，小汽车的关税完税价格是 50 万元，关税税率 20%，消费税税率 25%，则该运输企业应当缴纳的车辆购置税为多少万元？

2. 某市工商局 2024 年 8 月向某汽车贸易公司购买一辆小轿车自用，支付不含增值税价款 234 000 元，代收的保险费 2 500 元（由汽

车贸易公司开具发票和有关收据），购买者随购买车辆支付的工具件和零部件价款700元，车辆装饰费1800元，支付优质服务费800元。该工商局应缴纳车辆购置税是多少元？

3. 某贸易公司进口5辆小轿车，海关审定的关税完税价格为25万元/辆，当月销售2辆，取得不含税销售收入80万元；剩余3辆企业自用。该公司应缴纳车辆购置税多少万元？（小轿车关税税率30%，消费税税率为9%）

15-5　第十五章
计算问答题答案

六、案例分析题

【材料一】

《财政部 税务总局 工业和信息化部关于延续和优化新能源汽车车辆购置税减免政策的公告》

为支持新能源汽车产业发展，促进汽车消费，现就延续和优化新能源汽车车辆购置税减免政策有关事项公告如下：

对购置日期在2024年1月1日至2025年12月31日期间的新能源汽车免征车辆购置税，其中，每辆新能源乘用车免税额不超过3万元；对购置日期在2026年1月1日至2027年12月31日期间的新能源汽车减半征收车辆购置税，其中，每辆新能源乘用车减税额不超过1.5万元。

购置日期按照机动车销售统一发票或海关关税专用缴款书等有效凭证的开具日期确定。

享受车辆购置税减免政策的新能源汽车，是指符合新能源汽车产品技术要求的纯电动汽车、插电式混合动力（含增程式）汽车、燃料电池汽车。新能源汽车产品技术要求由工业和信息化部会同财政部、税务总局根据新能源汽车技术进步、标准体系发展和车型变化情况制定。

【材料二】

《中华人民共和国工业和信息化部 财政部 税务总局关于调整减免车辆购置税新能源汽车产品技术要求的公告》

根据《关于延续和优化新能源汽车车辆购置税减免政策的公告》（财政部 税务总局 工业和信息化部公告2023年第10号），结合新能源汽车技术进展情况，现就减免车辆购置税新能源汽车产品技术要求有关事项公告如下：

2024年1月1日起，申请进入《减免车辆购置税的新能源汽车车型目录》（以下简称《减免税目录》）的车型，需符合新能源汽车产品技术要求（见附件）。其中，换电模式车型还需提供满足GB/T 40032《电动汽车换电安全要求》等标准要求的第三方检测报告，以及生产企业保障换电服务的证明材料。企业自建换电站的，需提供换电站设计图纸和所有权证明；委托换电服务的，需提供车型、换电站匹配证明、双方合作协议等材料。

2024 年 1 月 1 日至 2024 年 5 月 31 日为过渡期。2024 年 1 月 1 日起，2023 年 12 月 31 日前已进入《免征车辆购置税的新能源汽车车型目录》（以下简称《免税目录》）且仍有效的车型将自动转入《减免税目录》。相关车型要及时上传减免税标识、换电模式标识，换电模式车型、燃料电池车型等按本公告要求补充相应佐证材料。2024 年 6 月 1 日起，不符合本公告技术要求的车型将从《减免税目录》中撤销。

【思考】

两个材料的文件内容，从社会责任、环境保护和可持续发展的角度出发，探讨国家对新能源汽车采取车辆购置税减免政策的深远意义。您认为这一政策将如何影响消费者购车行为、汽车行业发展以及我国的能源结构转型？在享受税收优惠的同时，企业和个人应承担哪些责任，以确保该政策能够有效促进技术进步和环境改善？

15 –6　第十五章
案例分析题答案

第十六章
车船税和船舶吨税

一、单项选择题

1. 阳光运输公司 2024 年拥有并使用以下车辆：（1）整备质量 4.3 吨的载货卡车 100 辆，省级人民政府规定年税额每吨 50 元；（2）18 座的小型客车 20 辆，省级人民政府规定年税额每辆 530 元。该公司当年应纳车船税为（   ）元。

    A. 51 200　　　　B. 48 000　　　　C. 38 400　　　　D. 32 100

2. 阳光运输企业 2024 年初拥有小轿车 50 辆，2024 年 3 月外购货车 120 辆（整备质量为 10 吨/辆）并于当月办理登记手续。假设货车年税额为整备质量每吨 50 元，小轿车年税额为每辆 500 元，该企业 2024 年应缴纳车船税（   ）元。

    A. 25 000　　　　B. 70 000　　　　C. 75 000　　　　D. 85 000

3. 下列关于车船税的说法，正确的是（   ）。

    A. 拖船按机动船舶税额的 70% 计算车船税

    B. 挂车按照货车税额的 50% 计算车船税

    C. 非机动驳船按照机动船舶税额的 60% 计算车船税

    D. 车辆整备质量尾数在 0.5 吨以下的不计算车船税

4. 根据车船税法的有关规定，下列各项中，应缴纳车船税的是（   ）。

    A. 捕捞、养殖渔船　　　　　　B. 武装警察部队专用车

    C. 无偿出借的载客汽车　　　　D. 外国驻华使领馆的汽车

5. 阳光公司在 2024 年年初拥有整备质量为 10 吨的载货汽车 60 辆，小轿车 40 辆，2024 年 4 月购入整备质量为 8 吨的载货汽车 30 辆，当月办理完登记手续；11 月，1 辆小轿车被盗，公安机关出具了证明，假设当地人民政府规定载货汽车车船税每吨年税额 60 元，小轿车车船税每辆年税额 360 元，该企业 2024 年实际应缴纳车船税（   ）元。

    A. 60 000　　　B. 61 140　　　C. 61 200　　　D. 64 800

6. 彩虹旅游公司 2024 年拥有插电式混合动力汽车 60 辆，节能乘用车 8 辆，乘用车核定载客人数均为 8 人。旅游公司所在地人民政府规定 8 人载客乘用车年税额为 500 元/辆。2024 年该旅游公司应缴纳车船税（　　）元。

    A. 2 000　　　B. 1 500　　　C. 10 750　　　D. 21 500

7. 下列各项中，属于车船税法定减免项目的是（　　）。

    A. 外商投资企业使用的汽车

    B. 政府机关办公用车辆

    C. 武警消防车

    D. 批准临时入境的台湾地区的车船

8. 下列车船，不属于车船税征税范围的是（　　）。

    A. 清障车

    B. 浮桥用船

    C. 船舶上装备的救生艇筏

    D. 境内单位出租到境外的船舶

9. 现有法国籍净吨位为 2 500 吨的非机动驳船 2 艘，停靠在我国某港口装卸货物。驳船负责人已向我国海关领取了吨税执照，在港口停留期为 30 天，法国已与我国签订相互给予船舶税费最惠国待遇条款。假定 2 000~10 000 净吨的船舶，30 天期的普通税率为 4.0 元/净吨，优惠税率为 2.9 元/净吨，其应纳的船舶吨税为（　　）元。

    A. 10 025　　　B. 7 250　　　C. 3 625　　　D. 5 012. 5

10. 下列各项中，应计算缴纳船舶吨税的是（　　）。

    A. 吨税执照期满后 24 小时内不上下客货的船舶

    B. 避难并不上下客货的船舶

    C. 武装警察部队征用的船舶

    D. 拖船

11. 下列从境外进入我国港口，免征船舶吨税的船舶是（　　）。

    A. 非机动驳船

    B. 拖船

    C. 养殖渔船

    D. 执照期满 24 小时内上下的客货船

12. 应税船舶负责人应当自海关填发船舶吨税缴款凭证之日起 15 日内缴清税款。未按期缴清税款的，自滞纳税款之日起至缴清税款之日止，按日加收滞纳金的比率是滞纳税款的（　　）。

    A. 0.2‰　　　B. 0.5‰　　　C. 5‰　　　D. 1‰

13. 应税船舶未按照规定交验吨税执照及其他证明文件的，由海关责令限期改正，并处（　　）罚款。

A. 2 000 元以上 3 万元以下

B. 2 000 元以上 1 万元以下

C. 2 000 元以上 5 000 元以下

D. 5 000 元以上 2 万元以下

14. 甲国和我国签订了相互给予船舶税费最惠国待遇条款的协议，2024 年 2 月，自甲国港口进入我国港口船舶两艘，三艘净吨位为 10 000 吨的货轮，一艘为发动机功率为 4 000 千瓦的拖船，这两艘船舶的执照期限均为 1 年。根据船舶吨税的相关规定，应缴纳船舶吨税为（   ）元。（超过 2 000 净吨位，但不超过 10 000 净吨位的，税率为 17.4 元/净吨位）

A. 197 316   B. 112 587   C. 168 422   D. 545 316

15. 下列关于船舶吨税的说法，不正确的是（   ）。

A. 吨税由海关负责征收

B. 吨税设置一栏税率

C. 吨税按照船舶净吨位和执照期限征收

D. 拖船和非机动驳船按相同净吨位船舶税率的 50% 计征税款

16 - 1　第十六章
单项选择题答案

二、多项选择题

1. 下列应税车辆中，以"整备质量每吨"作为车船税计税单位的有（   ）。

A. 挂车   B. 商用货车

C. 商用客车   D. 乘用车

E. 专用作业车

2. 下列应税车辆中，以"每辆"作为计税单位的有（   ）。

A. 小轿车   B. 摩托车

C. 微型商用客车   D. 半挂牵引车

E. 挂车

3. 省级人民政府可根据当地实际情况给予定期减征或者免征车船税的车船有（   ）。

A. 捕捞渔船

B. 公共交通车船

C. 摩托车

D. 军队专用的车船

E. 农村居民拥有并主要在农村使用的三轮汽车

4. 下列车辆，免征车船税的有（   ）。

A. 燃用汽油乘用车   B. 插电式混合动力汽车

C. 燃料电池商用车   D. 燃用柴油重型商务车

5. 下列各项中，关于车船税的表述正确的有（　　）。
   A. 对节约能源的车辆，减半征收车船税
   B. 农用三轮汽车减征或免征车船税
   C. 车船税实行固定税额
   D. 车船税的纳税地点为车船的登记地或者车船税扣缴义务人所在地

6. 根据现行政策，下列关于车船税税收优惠的表述，正确的有（　　）。
   A. 节能车船，减半征收车船税
   B. 拖船、非机动驳船免征车船税
   C. 挂车按照货车税额的50%计算征收车船税
   D. 依法不需要办理登记的车船，不征收车船税

7. 根据现行政策，下列表述不正确的有（　　）。
   A. 车辆整备质量尾数在0.5吨以下的不计算车船税
   B. 拖船按照发动机功率每1千瓦折合净吨位0.67吨计算征收车船税
   C. 净吨位不超过1吨的船舶，免征车船税
   D. 挂车按照货车税额的70%计算

8. 车船税征税过程中，以"辆"为计税依据的有（　　）。
   A. 摩托车　　　　　　　　B. 商用货车
   C. 乘用车　　　　　　　　D. 低速载货汽车

9. 依据车船税的规定，下列表述正确的有（　　）。
   A. 车船税的纳税义务发生时间为取得车船所有权或者管理权的当月
   B. 已由保险机构代收代缴车船税的，纳税人不再向税务机关缴纳车船税
   C. 已办理退税的被盗车船失而复得的，纳税人应当从公安机关出具相关证明的当月起计算缴纳车船税
   D. 已缴纳车船税的车船，在同一纳税年度内办理转让过户的，不另纳税，同时已经缴纳的车船税可以申请退回

10. 下列关于船舶吨税税目税率说法正确的有（　　）。
    A. 拖船按照发动机功率每千瓦折合净吨位0.67吨计税
    B. 吨税执照期限分为30日、90日和一年三类
    C. 拖船按相同净吨位船舶税率50%计税
    D. 在我国境内港口之间出入的中国籍船舶适用优惠税率计税
    E. 无法提供净吨位证明文件的游艇，按发动机功率折合净吨位计税

11. 根据跨境电子商务零售进口税收政策，下列说法正确的有（　　）。

    A. 购买跨境电子商务零售进口商品的个人作为纳税义务人

    B. 在限值以内进口的跨境电子商务零售进口商品，进口环节增值税、消费税暂按法定应纳税额的 70% 征收

    C. 在限值以内进口的跨境电子商务零售进口商品，关税税率暂设为 0

    D. 跨境电子商务零售进口商品自海关放行之日起 60 日内退货的，可申请退税，并相应调整个人年度交易总额

12. 下列船舶中，免征船舶吨税的有（　　）。

    A. 应纳税额在人民币 50 元以下的船舶

    B. 非机动驳船

    C. 警用船舶

    D. 吨税执照期满后 24 小时内不上下客货的船舶

    E. 自境外购买取得船舶所有权的初次进口到港的空载船舶

13. 下列关于船舶吨税征收管理的表述中，错误的有（　　）。

    A. 吨税由海关负责征收

    B. 应税船舶负责人应当自海关填发吨税缴款凭证之日起 15 日内缴清税款

    C. 吨税纳税义务发生时间为应税船舶进入港口的当日

    D. 应税船舶在吨税执照期满后尚未离开港口的，应当申领新的吨税执照，自上一次执照期满的当日起续缴吨税

    E. 纳税人未按期缴清税款的，自纳税义务发生之日起至缴清税款之日止，按日加收滞纳金

14. 根据船舶吨税的规定，下列可以用于担保的有（　　）。

    A. 汇票　　　　　　　　　　B. 存单

    C. 债券　　　　　　　　　　D. 银行的保函

16 -2　第十六章
多项选择题答案

三、判断题

1. 免征车船税的新能源汽车是指纯电动商用车、插电式（含增程式）混合动力汽车、燃料电池商用车。（　　）

2. 纯电动乘用车和燃料电池乘用车免征车船税。（　　）

3. 符合规定标准的节约能源乘用车可享受减半征收车船税。（　　）

16 -3　第十六章
判断题答案

4. 船舶吨税的应税船舶不包括中华人民共和国国籍的船舶。（　　）

5. 养殖渔船从境外进入我国港口，免征船舶吨税。（　　）

四、简答题

1. 车船税的征税范围是什么？
2. 车船税有哪些税收优惠政策？
3. 简述船舶吨税的征税范围及其税收优惠。

16－4 第十六章
简答题答案

五、计算问答题

1. 某公司 2024 年有如下车辆：货车 5 辆，每辆整备质量 10 吨；7 月购入挂车 2 辆，每辆整备质量 5 吨，公司所在地政府规定货车年税额 96 元/吨。该公司当年应缴纳车船税多少元？

2. 某运输公司 2024 年有如下运输工具：运输卡车 10 辆，整备质量 12.4 吨/辆；4 月购入乘用车 12 辆，当月办理登记并取得车辆行驶证。当地政府规定的乘用车车船税年税额 1 000 元/辆，运输卡车车船税年税额 80 元/吨。2024 年该运输公司应缴纳车船税多少元？

3. 某港务公司于 2024 年 6 月 30 日购入拖船 2 艘，发动机功率为 6 000 千瓦/艘，增值税专用发票注明开票时间为 7 月 1 日。机动船舶净吨位超过 2 000 吨但不超过 10 000 吨的，年税额为 5 元/吨。2024 年该公司应缴纳车船税多少元？

4. 2024 年初某渔业公司拥有捕捞渔船 5 艘，每艘净吨位 190 吨，渔业加工船舶 5 艘，每艘净吨位 400 吨。2024 年 9 月 10 日购置游艇 2 艘，每艘长 22 米；购置养殖渔船 1 艘，净吨位 2 000 吨。相关新购船舶于当月均得到车船登记管理部门核发的登记证书。机动船舶车船税计税标准为净吨位不超过 200 吨的，每吨 3 元；净吨位超过 200 吨但不超过 2 000 吨的，每吨 4 元；游艇车船税计税标准为艇身长度超过 18 米但不超过 30 米，每米 1 300 元。2024 年该渔业公司应缴纳车船税多少元？

16－5 第十六章
计算问答题答案

六、案例分析题

【背景资料】

购车新政策来了，能省一大笔！

免征车辆购置税：

对购置日期在 2024 年 1 月 1 日至 2025 年 12 月 31 日期间的新能源汽车免征车辆购置税。

其中，每辆新能源乘用车免税额不超过 3 万元。

减半征收车辆购置税：

对购置日期在 2026 年 1 月 1 日至 2027 年 12 月 31 日期间的新能源汽车减半征收车辆购置税。

其中，每辆新能源乘用车减税额不超过 1.5 万元。

节能汽车：减半征收车船税：

（一）减半征收车船税的节能乘用车应同时符合以下标准：

1. 获得许可在中国境内销售的排量为 1.6 升以下（含 1.6 升）的燃用汽油、柴油的乘用车（含非插电式混合动力、双燃料和两用燃料乘用车）；

2. 综合工况燃料消耗量应符合标准，具体要求见《财政部 税务总局 工业和信息化部 交通运输部关于节能 新能源车船享受车船税优惠政策的通知》（财税〔2018〕74 号）附件 1。

（二）减半征收车船税的节能商用车应同时符合以下标准：

1. 获得许可在中国境内销售的燃用天然气、汽油、柴油的轻型和重型商用车（含非插电式混合动力、双燃料和两用燃料轻型和重型商用车）；

2. 燃用汽油、柴油的轻型和重型商用车综合工况燃料消耗量应符合标准，具体标准见（财税〔2018〕74 号）附件 2、附件 3。

8 月 16 日，商务部等 7 部门发布《关于进一步做好汽车以旧换新有关工作的通知》（商消费函〔2024〕392 号）。

提高补贴标准，最高 2 万元：

对符合商务部、财政部等 7 部门《关于印发〈汽车以旧换新补贴实施细则〉的通知》（商消费函〔2024〕75 号，以下简称《补贴实施细则》）规定，个人消费者于 2024 年 4 月 24 日（含当日，下同）至 2024 年 12 月 31 日期间，报废国三及以下排放标准燃油乘用车或 2018 年 4 月 30 日前注册登记的新能源乘用车，并购买纳入工业和信息化部《减免车辆购置税的新能源汽车车型目录》的新能源乘用车或 2.0 升及以下排量燃油乘用车的，调整补贴标准，具体如下：

对报废上述两类旧车并购买新能源乘用车的，补贴 2 万元；

对报废国三及以下排放标准燃油乘用车并购买 2.0 升及以下排量燃油乘用车的，补贴 1.5 万元。

对 2024 年 4 月 24 日至 2025 年 1 月 10 日前提交的符合条件的补贴申请（含已完成补贴发放的申请），均按本通知明确的标准予以补贴。

对已按此前标准发放的补贴申请，各地按本通知明确的标准补齐差额。

参加申请补贴的报废汽车所有人和新购置汽车所有人应为同一个人消费者。

其所报废的国三及以下排放标准燃油乘用车或 2018 年 4 月 30 日前注册登记的新能源乘用车，应当按《若干措施》规定要求于 2024 年 7 月 25 日前登记在申请人名下；自本通知发布之日起，在补贴申请审核期间，其所新购置的汽车应登记在申请人名下。

各地商务主管部门收到汽车报废更新补贴申请材料后，会同财政、公安、工业和信息化等部门按照职能职责进行审核，通过全国汽车以旧换新平台反馈审核结果，税务部门做好配合工作。

按程序将补贴资金拨付至申请人提供的银行账户。

各地要加快制定汽车置换更新实施方案，合理确定补贴标准、补贴条件和实施方式。

16－6　第十六章
案例分析题答案

【思考】

1. 目前我国有哪些车船税优惠政策？

2. 从可持续发展的角度思考，国家为什么要出台上述优惠政策？

第十七章
印 花 税

一、单项选择题

1. 下列产权转移书据中,不需要缴纳印花税的是( )。

A. 财产所有权人将房屋赠给企业的产权转移书据

B. 土地使用权转让书据

C. 专有技术使用权转让书据

D. 土地承包经营权转移书据

2. 阳光公司向月亮公司租赁 2 台起重机并签订租赁合同,合同注明起重机总价值为 80 万元,租期为 2 个月,每台每月不含增值税租金 2 万元。已知租赁合同适用的印花税税率为 1‰。根据印花税法律制度的规定,阳光公司和月亮公司签订该租赁合同共计应缴印花税( )元。

A. 40   B. 80   C. 160   D. 800

3. 我国企业在境外书立的下列凭证中,应缴纳印花税的是( )。

A. 与 D 国企业签订收购 D 国土地的产权转让书据

B. 与 A 国企业签订的在 A 国使用车辆的租赁合同

C. 与 B 国企业签订的在 B 国存放样品的仓储合同

D. 与 C 国企业签订从 C 国运回货物的运输合同

4. 依据印花税征税范围的规定,下列合同应缴纳印花税的是( )。

A. 未按期兑现合同   B. 银行同业拆借合同

C. 无息借款合同   D. 法律咨询合同

5. 甲公司将货物卖给乙公司,双方订立了买卖合同,丙公司作为该合同的担保人,丁公司作为证人,戊公司作为鉴定人,则该合同印花税的纳税人为( )。

A. 甲公司、乙公司

    B. 甲公司、乙公司、戊公司

    C. 甲公司、乙公司、丙公司

    D. 甲公司、乙公司、丙公司、丁公司、戊公司

    6. 2024 年 11 月，阳光公司和月亮公司签订一份货物购销合同，合同注明阳光公司向月亮公司销售货物一批，货物价款为 300 000 元，当月已按规定贴花。2024 年 12 月阳光公司实际向月亮公司发出 500 000 元的货物，但是双方并未将合同中的金额进行修改。已知购销合同印花税税率为 0.3‰，则阳光公司 2024 年 12 月针对该合同应补缴印花税（　　　）元。

    A. 0　　　　　　B. 60　　　　　　C. 150　　　　　　D. 240

    7. 2024 年 6 月，阳光公司与月亮公司签订一份设备采购合同，价款为 20 000 万元，两个月后因采购合同作废，又与星星银行改签为融资租赁合同，租金总额为 21 000 万元。月亮公司上述行为应缴纳印花税（　　　）元（已知上述价款均为不含增值税价款，购销合同印花税税率为 0.3‰，融资租赁合同印花税税率为 0.05‰）。

    A. 2 700　　　　B. 6 105　　　　C. 8 100　　　　D. 70 500

    8. 下列合同中，应计算缴纳印花税的是（　　　）。

    A. 养老服务机构采购卫生材料书立的买卖合同

    B. 国际金融组织向中国提供优惠贷款书立的借款合同

    C. 保险公司与农业生产者签订的农业保险合同

    D. 个人出租住房签订的租赁合同

    9. 根据印花税法律制度的规定，下列各项中，应征收印花税的是（　　　）。

    A. 中国人民解放军、中国人民武装警察部队书立的应税凭证

    B. 金融机构与小型企业签订的借款合同

    C. 个人与电子商务经营者订立的电子订单

    D. 营利性医疗卫生机构采购药品书立的买卖合同

    10. 下列关于印花税计税依据的表述中，正确的是（　　　）。

    A. 技术合同的计税依据包括研究开发经费

    B. 财产保险合同的计税依据包括所保财产的金额

    C. 运输合同的计税依据包括货物装卸费和保险费

    D. 营业账簿的计税依据为"实收资本"和"资本公积"的合计金额

17-1　第十七章单项选择题答案

    11. 阳光汽车轮胎厂与月亮汽车制造厂签订了一份货物交换合同，阳光以价值 650 万元的轮胎交换乙的两辆汽车，同时阳光再支付给月亮 30 万元差价。对此项交易，阳光应缴纳的印花税税额为（　　　）。（买卖合同税率为 0.3‰）

    A. 1 950 元　　　B. 3 900 元　　　C. 3 990 元　　　D. 4 080 元

二、多项选择题

1. 下列凭证，免征印花税的有（　　）。
   A. 运输合同
   B. 贴息借款合同
   C. 附有县级以上人民政府抢险救灾物资运输证明文件的运费结算凭证
   D. 已缴纳印花税的凭证副本
   E. 将自有房产捐赠给政府签订的产权转移书据

2. 下列合同，属于印花税征税范围的有（　　）。
   A. 人身保险合同　　　　　　B. 财产保险合同
   C. 货物买卖合同　　　　　　D. 委托代理合同

3. 下列凭证，免征印花税的有（　　）。
   A. 国际金融组织向我国企业提供一般性贷款所书立的合同
   B. 个人购买安置住房书立的合同
   C. 财产所有人将财产赠给学校所立的书据
   D. 证券交易印花税
   E. 报纸发行单位之间书立的征订凭证

4. 阳光公司为增值税一般纳税人，下列税种中，阳光公司转让办公用房应缴纳的有（　　）。
   A. 印花税　　　　　　　　　B. 土地增值税
   C. 房产税　　　　　　　　　D. 契税

5. 关于印花税的纳税义务人，下列表述正确的有（　　）。
   A. 在境内建立账簿的，以立账簿人为纳税人
   B. 在境内进行证券交易的，以受让方为纳税人
   C. 在国外书立凭证在国内使用的，以使用人为纳税人
   D. 在境内订立财产转移书据的，以立据人为纳税人

6. 下列企业之间签订的合同中，按照"买卖合同"征收印花税的有（　　）。
   A. 广告合同
   B. 采煤单位和用煤单位间的供应合同
   C. 货物预购合同
   D. 以货易货合同

7. 下列合同中，免征印花税的有（　　）。
   A. 对房地产管理部门与个人签订的用于生活居住的租赁合同
   B. 无息、贴息贷款合同
   C. 营利性医疗卫生机构采购药品书立的购销合同
   D. 电网与用户之间签订的供用电合同

第十七章 印 花 税

8. 根据印花税法律制度的规定，下列表述中，正确的有（   ）。

    A. 印花税的纳税义务发生时间为纳税人书立应税凭证或者完成证券交易的当日

    B. 纳税人为个人的，应当向应税凭证书立地或者纳税人居住地的主管税务机关申报缴纳印花税

    C. 纳税人为境外单位或者个人，在境内有代理人的，以其境内代理人为扣缴义务人

    D. 纳税人为单位的，应当向应税凭证书立地的主管税务机关申报缴纳印花税

9. 我国运输企业甲与国外运输企业乙根据我国境内托运方企业丙的要求签订了 1 份国际货运合同，合同规定由甲负责起运，乙负责境外运输，甲乙丙分别持有全程运费结算凭证，下列关于计算缴纳印花税的表述中正确的有（   ）。

    A. 甲按本程运费计算缴纳印花税

    B. 乙按全程运费计算缴纳印花税

    C. 乙按本程运费计算缴纳印花税

    D. 丙按全程运费计算缴纳印花税

10. 下列凭证中，免征印花税的有（   ）。

    A. 个人与电子商务经营者订立的电子订单

    B. 家庭财产两全保险合同

    C. 贴息贷款合同

    D. 个人书立的动产买卖合同

17-2 第十七章
多项选择题答案

三、判断题

1. 同一应税凭证载有两个或者两个以上税目事项未分别列明金额的，按税率高的计算应纳印花税税额。（   ）

2. 财产所有权人将财产赠予社会福利机构书立的产权转移书据，免征印花税。（   ）

3. 政府部门发给的各种权利、许可证照都需要缴纳印花税。
（   ）

4. 对证券交易的双方均征收印花税。（   ）

5. 应税合同、产权转移书据未列明金额的，暂不缴纳印花税。
（   ）

17-3 第十七章
判断题答案

6. 已缴纳印花税的营业账簿，以后年度记载的实收资本（股本）、资本公积合计金额比已缴纳印花税的实收资本（股本）、资本公积合计金额增加的，按照增加部分计算应纳税额。（   ）

17 -4 第十七章
简答题答案

四、简答题

1. 印花税的概念是什么？印花税的纳税人包括哪些？

2. 简述印花税税率的相关规定。

五、计算问答题

1. 2024 年 7 月，甲企业与乙企业签订运输合同一份，合同列明货物价值 600 万元，不含税运输费 5 万元，装卸费 0.3 万元。当月，甲企业该份合同应缴纳的印花税为多少元？

2. 甲公司向银行申办一项金额 5 000 万元的贷款，未签订借款合同，分五次填开借据作为合同使用，五次填开借据共记载借款金额 8 000 万元。该项贷款业务甲公司应缴纳印花税多少万元？

3. 某学校委托服装加工企业定做一批校服，合同载明原材料金额 80 万元由服装加工企业提供，学校另支付加工费 40 万元。上述金额均为不含税价，服装加工企业的该项业务应缴纳印花税多少元？

17 -5 第十七章
计算问答题答案

4. 某公司受托加工制作广告牌，双方签订的承揽合同中分别注明加工费 40 000 元、定作人提供价值 60 000 元的主要材料、承揽人提供价值 2 000 元的辅助材料。上述金额均为不含税价，该公司此项合同应缴纳印花税多少元？

5. 甲公司为小规模纳税人，2023 年 8 月签订一份货物运输合同，合同注明货物价款为 100 万元，运输费 8 万元，装卸费 2 万元。签订一份财产保险合同，注明财产价值 200 万元，保险费 5 万元。甲公司本月应缴纳印花税多少元？（合同价款均不含税）

六、案例分析题

【背景资料】

某公司委托其他单位研发金融系统，支付给受托方研发人员工资报酬，共计 132 万元。根据相关资料以及合同显示，该研发费用真实。但是在该企业提供的技术服务合同中，企业将这笔费用填入免征项目经费栏，未贴印花税。

合同中注明研究经费是指研究开发工作所需的成本，报酬是指本项目开发成果的使用费和研究开发人员的科研补贴。在计算印花税中，税务机关认为不能将 132 万元计入研究开发经费以逃避缴纳印花税。

根据《国家税务局关于对技术合同征收印花税问题的通知》（国税地字〔1989〕34 号）第四条规定：对各类技术合同，应当按合同所载价款、报酬、使用费的金额依率计税。为鼓励技术研究开发，对技术开发合同，只就合同所载的报酬金额计税，研究开发经费不作为计税依据。但对合同约定按研究开发经费一定比例作为报酬的，应按一定比例的报酬金额计税贴花。

【思考】

1. 技术开发合同中的研发经费和报酬条款该怎样约定呢？
2. 从国家角度考虑，为何要征收印花税？

17-6 第十七章
案例分析题答案

第十八章
税收征收管理法

一、单项选择题

1. 税务机关对当事人作出罚款行政处罚决定的，当事人应当在收到行政处罚决定书之日起 15 日内缴纳罚款，逾期不缴纳的，税务机关可以对当事人每日按罚款数额的（　　）加处罚款。

  A. 1‰   B. 3‰   C. 1%   D. 3%

2. 由于情况复杂，行政复议机关不能在规定期限内重新作出行政复议决定的，经批准可以适当延期，但是延期不得超过（　　）日。

  A. 15   B. 30   C. 45   D. 60

3. 下列各项中，适用税务行政处罚的简易程序的是（　　）。

  A. 对公民处以 50 元以下罚款的违法案件

  B. 对法人企业处以 5 000 元以下罚款的违法案件

  C. 案情简单，但是事实不清楚的违法行为

  D. 案情简单，但是违法后果比较严重且有法定依据给予处罚的违法行为

4. 按照税务行政处罚的地域管辖来看，我国税务行政处罚实行的是（　　）。

  A. 居住所在地原则   B. 行为发生地原则

  C. 收入来源地原则   D. 户籍所在地原则

5. 下列关于税务行政处罚的主体与管辖的陈述，不正确的是（　　）。

  A. 税务行政处罚的实施主体主要是县以上的税务机关

  B. 从税务行政处罚的级别管辖来看，均必须是县（市、旗）以上的税务机关

  C. 从税务行政处罚的地域管辖来看，税务行政处罚实行行为发生地原则

164
  D. 从税务行政处罚的管辖主体的要求来看，必须有税务行政

处罚权

6. 税务所可以在（　　）元以下实施罚款作为税务行政处罚。
　　A. 50　　　　　　B. 2 000　　　　C. 10 000　　　D. 50 000

7. 下列关于税务行政处罚的说法中，错误的是（　　）。
　　A. 税务行政处罚的实施主体主要是市以上的税务机关
　　B. 税务行政处罚实行行为发生地原则
　　C. 各级税务机关的内设机构、派出机构不具处罚主体资格
　　D. 税务所可以实施罚款额在 2 000 元以下的税务行政处罚

8. 税务行政处罚的实施主体主要是（　　）。
　　A. 县以上的税务机关　　　　　B. 财政部
　　C. 县级以上的人民政府　　　　D. 国家税务总局

9. 对税务行政复议相关规定表述不正确的是（　　）。
　　A. 因征税问题引起的争议，税务行政复议是税务行政诉讼的必经前置程序，未经复议不能向法院起诉，经复议仍不服的，才能起诉
　　B. 税务行政复议的受案范围仅限于税务机关作出的税务具体行政行为
　　C. 有权申请行政复议的法人或者其他组织发生合并、分立或终止的，承受其权利义务的法人或者其他组织可以申请行政复议
　　D. 申请人、第三人、被申请人可以委托代理人代为参加行政复议

10. 甲市乙县税务机关丙镇税务所在执法时给予本镇纳税人赵某 1 500 元罚款的行政处罚，赵某不服，向行政复议机关申请行政复议，则被申请人是（　　）。
　　A. 甲市税务机关　　　　　B. 乙县税务机关
　　C. 丙镇税务所　　　　　　D. 乙县人民政府

11. 某县一施工企业因账簿不全，县主管税务局对其核定征收企业所得税，企业认为核定数额过高，在双方协商无果的情况下，企业准备请求法律救济。下列关于企业的做法正确的是（　　）。
　　A. 可以直接向人民法院提起行政诉讼
　　B. 可以向该县人民政府提起行政复议
　　C. 应在复议决定做出后及时缴纳税款
　　D. 与县主管税务局可以在复议决定做出前达成和解

12. 广州市白云区丽红集团 2014 年由于利用假发票抵扣进项税，被白云区税务机关发现并且对其罚款 2 万元，丽红集团不服，决定申请行政复议，则应该向（　　）提起复议。
　　A. 白云区人民政府　　　　　B. 白云区税务机关

      C. 广州市税务机关   D. 广东省税务机关

13. 税务机关对当事人作出罚款行政处罚决定的，当事人应当在收到行政处罚决定书之日起（　　　）日内缴纳罚款，到期不缴纳的，税务机关可以对当事人每日按罚款数额的3%加处罚款。

      A. 15   B. 30   C. 45   D. 60

14. 下列各项中，不符合《中华人民共和国行政复议法》和《税务行政复议规则》规定的是（　　　）。

      A. 对税务机关作出逾期不缴纳罚款加处罚款的决定不服的，向作出行政处罚决定的税务机关申请行政复议

      B. 对国家税务总局作出的具体行政行为不服的，向国家税务总局申请行政复议

      C. 对国家税务总局作出的具体行政行为不服的，向国家税务总局申请行政复议，对行政复议决定不服的，可以向国务院申请裁决

      D. 对计划单列市税务局的具体行政行为不服的，向省级税务局申请行政复议

15. 对税务所（分局）、各级税务局的稽查局的具体行政行为不服的，可以向（　　　）申请行政复议。

      A. 国家税务总局   B. 所属税务局上级主管机关

      C. 所属税务局   D. 国务院

16. 下列行政复议情形中，需中止行政复议的是（　　　）。

      A. 行政复议申请受理后，发现人民法院已经受理的

      B. 作为申请人的公民被宣告失踪

      C. 申请人申请停止执行，行政复议机关认为其要求合理的

      D. 申请人与被申请人按规定达成和解

17. 关于税务行政复议政策的理解，不正确的是（　　　）。

      A. 申请人对扣缴义务人的扣缴税款行为不服的，主管该扣缴义务人的税务机关为被申请人

      B. 行政复议原则上采用书面审查的办法，但是申请人提出要求或者行政复议机构认为有必要时，应当听取申请人、被申请人和第三人的意见，并可以向有关组织和人员调查了解情况

      C. 申请人在行政复议决定做出以前撤回行政复议申请的，经行政复议机构同意，可以撤回

      D. 被申请人应当自收到申请书副本或者申请笔录复印件之日起7日内提出书面答复，并提交当初作出具体行政行为的证据、依据和其他有关材料

18. 同级人民法院之间受理第一审行政案件的分工和权限，这属

于（　　　）。

    A. 属地管辖   B. 级别管辖

    C. 地域管辖   D. 裁定管辖

19. 税务机关作出的下列行政行为，纳税人不服时可以申请行政复议，也可以直接向人民法院提起行政诉讼的是（　　　）。

    A. 确认纳税期限   B. 确认纳税退税

    C. 确认税款征收   D. 罚款

20. 下列关于税务行政处罚的陈述，不正确的是（　　　）。

    A. 如果税务违法行为显著轻微，没有造成危害后果，经过批评教育后可以不必给予处罚

    B. 从当事人主观方面来说，需要区分是否具有主观故意或者过失，如无主观故意，则不需要处罚

    C. 当事人行为一般是尚未构成犯罪，依法应当给予行政处罚的行为

    D. 税务行政处罚是行政处罚的重要组成部分

21. 关于税务行政处罚，下列陈述不正确的是（　　　）。

    A. 税务所可以实施罚款额在 2 000 元以下的税务行政处罚

    B. 税务行政处罚的实施主体主要是县以上的税务机关

    C. 税务行政处罚必须以事实为依据

    D. 国家税务总局可以针对纳税人的违法行为设定各种税务行政处罚，对其他违法行为不能设置行政处罚

22. 下列关于税务行政处罚权力清单相关规定的表述，不正确的是（　　　）。

    A. 纳税人的开户银行拒绝执行税务机关作出的冻结存款或者扣缴税款决定的，税务机关处 10 万元以上 50 万元以下的罚款

    B. 非法印制、转借、倒卖、变造或者伪造完税凭证的，税务机关责令其改正，处 2 000 元以上 1 万元以下的罚款

    C. 纳税人逃避、拒绝或者以其他方式阻挠税务机关检查的，税务机关责令其改正，可以处 2 000 元以下的罚款

    D. 扣缴义务人编造虚假计税依据的，税务机关责令其限期改正，并处 5 万元以下的罚款

23. 下列关于税务行政处罚的设定与形式的陈述，正确的是（　　　）。

    A. 全国人民代表大会及其常务委员会，可以通过制定和颁布法律的形式设定各种形式的税务行政处罚

    B. 行政处罚的设定权集中于中央政府，国务院可以设定各种税务行政处罚

C. 国家税务总局可以通过法规的形式设定警告和罚款

D. 税务行政规章对非经营活动中的违法行为设定的罚款不得超过 1 万元

24. 下列选项中，不属于税务行政处罚类型的是 （   ）。

    A. 停止出口退税权   B. 没收财务非法所得

    C. 注销税务登记   D. 罚款

25. 下列关于税务行政处罚的设定中，正确的是 （   ）。

    A. 国务院可以通过法律的形式设定各种税务行政处罚

    B. 国家税务总局可以通过规章的形式设定警告和罚款

    C. 地方人大可以通过法律的形式设定各种税务行政处罚

    D. 税务局可以设定税务行政处罚的规范性文件

26. 纳税人、扣缴义务人编造虚假计税依据的，税务机关责令其限期改正，并处 （   ） 的罚款。

    A. 2 000 元以下   B. 5 000 元以上

    C. 1 万元以下   D. 5 万元以下

27. 申请人对下列税务行政复议范围中的 （   ） 不服的，必须先申请行政复议，对复议结果不服的才可以向人民法院提起行政诉讼。

    A. 没收财物

    B. 确认抵扣税款

    C. 不予开具完税凭证

    D. 不予认定为增值税一般纳税人

28. 下列税务行政复议受理案件中，必须经复议程序的是 （   ）。

    A. 因税务机关作出行政处罚引起争议的案件

    B. 因不予给予举报奖励引起争议的案件

    C. 因纳税信用等级评定引起争议的案件

    D. 因核定征收引起争议的案件

29. 根据《税务行政复议规则》，下列事项中，不适用调解的是 （   ）。

    A. 确定应税所得率   B. 税务机关办事流程

    C. 行政奖励   D. 行政赔偿

30. 下列不属于税务行政诉讼特有原则的是 （   ）。

    A. 税务机关负举证责任原则

    B. 由税务机关负责赔偿的原则

    C. 不适用调解原则

    D. 实行回避原则

18-1 第十八章
单项选择题答案

二、多项选择题

1. 下列关于税务行政处罚简易程序的说法，正确的有（　　）。
   A. 税务行政执法人员当场制作的税务行政处罚决定书，应当报所属税务机关备案
   B. 自 2017 年 11 月 1 日起，税务机关依法对公民、法人或者其他组织当场作出行政处罚决定的，使用修订后的《税务行政处罚决定书（简易）》，不再另行填写《陈述申辩笔录》和《税务文书送达回证》
   C. 税务行政执法人员当场作出税务行政处罚决定时，不用听取当事人陈述申辩意见
   D. 税务行政执法人员当场作出税务行政处罚决定时，应告知当事人受到税务行政处罚的违法事实、依据和陈述申辩权

2. 下列税务行政纠纷案件中，可选择行政复议或者行政诉讼的有（　　）。
   A. 因不予给予举报奖励引起的争议
   B. 因核定征收引起的争议
   C. 纳税信用等级评定的争议
   D. 确认征收范围的争议

3. 下列各项中，符合税务行政复议相关规定的有（　　）。
   A. 对国务院的行政复议裁决不服的，可以向人民法院提出行政诉讼
   B. 对国家税务总局作出的具体行政行为不服的，向国家税务总局申请行政复议
   C. 对税务机关作出逾期不缴纳罚款加处罚款的决定不服的，向作出行政处罚决定的税务机关申请行政复议
   D. 对被撤销的税务机关在撤销以前所做出的具体行政行为不服的，向继续行使其职权的税务机关申请行政复议

4. 下列关于税务行政复议审查和决定，正确的有（　　）。
   A. 行政复议机关审查被申请人的具体行政行为时，认为其依据不合法，本机关有权处理的，应当在 30 日内依法处理
   B. 行政复议期间，作为申请人的公民下落不明或者被宣告失踪的，行政复议终止
   C. 行政复议期间，作为申请人的法人或者其他组织终止，其权利义务的承受人放弃行政复议权利的，行政复议终止
   D. 行政复议机关应当自受理申请之日起 60 日内作出行政复议决定

5. 税务行政复议期间发生的下列情形中，可导致行政复议中止

的有 （   ）。

    A. 作为申请人的公民死亡，其近亲属尚未确定是否参加行政复议的

    B. 作为申请人的法人或者其他组织终止，尚未确定权利义务承受人的

    C. 作为申请人的公民死亡，没有近亲属，或者其近亲属放弃行政复议权利的

    D. 作为申请人的法人或者其他组织终止，其权利义务的承受人放弃行政复议权利的

6. 税务行政诉讼的管辖分为 （   ）。

    A. 属地管辖   B. 级别管辖

    C. 地域管辖   D. 裁定管辖

7. 下列关于税务行政诉讼的陈述，正确的有 （   ）。

    A. 人民法院只对具体税务行为是否合法和适当予以审查

    B. 人民法院可以对税务行政诉讼法律关系的双方当事人进行调解

    C. 税务行政诉讼的管辖分为级别管辖、地域管辖和裁定管辖

    D. 税务行政诉讼的受案范围与税务行政复议的受案范围基本一致

8. 根据税务行政法制的规定，税务行政诉讼的受案范围包括（   ）。

    A. 税务机关作出的罚款行为

    B. 税务机关作出的复议行为

    C. 税务机关作出的税收保全措施

    D. 税务机关作出的税收强制执行措施

9. 税务行政复议期间发生的下列情形中，可导致行政复议中止的有 （   ）。

    A. 作为申请人的公民死亡，其近亲属尚未确定是否参加行政复议的

    B. 作为申请人的法人或者其他组织终止，尚未确定权利义务承受人的

    C. 作为申请人的公民死亡，没有近亲属，或者其近亲属放弃行政复议权利的

    D. 作为申请人的法人或者其他组织终止，其权利义务的承受人放弃行政复议权利的

10. 税务行政处罚由税务机关给予行政处罚，它包括以下 （   ）方面内容。

    A. 当事人行为违反了税收法律规范，侵犯的客体是税收征

收管理秩序，应当承担税务行政责任

B. 从当事人主观方面说，并不区分是否具有主观故意或者过失

C. 并不是对所有的税务违法行为都一定要处罚

D. 给予行政处罚的主体是税务机关和财政机关

11. 关于税务行政处罚的原则，下列陈述正确的有（   ）。

A. 对公民和组织实施税务行政处罚必须有法定依据，无明文规定不得处罚

B. 税务行政处罚必须由法定的国家机关在其职权范围内设定

C. 税务行政处罚必须以事实为依据

D. 国家税务总局可以针对纳税人的违法行为设定各种税务行政处罚，对其他违法行为不能设置行政处罚

12. 下列各项中，税务行政复议是税务行政诉讼必经前置程序的有（   ）。

A. 税务机关书面通知银行从其存款中扣缴税款

B. 没有公开政府信息

C. 因税务机关适用法律错误，致使纳税人少缴税款，税务机关要求补缴两年前税款引起的争议

D. 因纳税中介机构计算错误，致使纳税人少缴税款，税务机关要求补缴三年前的税款引起的税务争议

13. 下列选项中，属于税务行政处罚原则的有（   ）。

A. 以事实为依据原则

B. 公开、公正原则

C. 过罚相当原则

D. 处罚与教育相结合原则

14. 下列关于税务行政处罚权力清单相关规定的表述，正确的有（   ）。

A. 未按规定设置、保管账簿资料的，税务机关责令其限期改正，可以处 2 000 元以下的罚款

B. 非法印制、转借、倒卖、变造或者伪造完税凭证的，税务机关责令其改正，处 2 000 元以上 1 万元以下的罚款

C. 扣缴义务人未按规定的期限向税务机关代扣代缴、代收代缴税款报告表和有关资料的，税务机关责令其改正，处 1 000 元以下的罚款

D. 扣缴义务人的开户银行或者其他金融机构拒绝接受税务机关依法检查扣缴义务人存款账户的，税务机关处 10 万元以上 50 万元以下的罚款

15. 下列关于税务行政处罚的主体与管辖的陈述，正确的有
（　　）。

    A. 税务行政处罚的实施主体主要是县以上的税务机关

    B. 各级税务机关的内设机构、派出机构一般不具处罚主体
资格

    C. 从税务行政处罚的级别管辖来看，税务行政处罚实行行
为发生地原则

    D. 从税务行政处罚的地域管辖来看，只有当事人税收违法
行为发生地的税务机关才有权对当事人实施处罚，其他
地方的税务机关则无权实施

16. 下列关于税务行政处罚权的表述中，正确的有（　　）。

    A. 税务局可以通过规范性文件的形式设定警告

    B. 国家税务总局可以通过规章的形式设定一定限额的罚款

    C. 经法律的特别授权，税务所具有税务行政处罚主体资格

    D. 国务院可以通过行政法规的形式设定限制人身自由的税
务行政处罚

17. 下列关于税务行政处罚权力清单相关规定的表述，正确的有
（　　）。

    A. 纳税人未按照规定安装、使用税控装置，或者损毁或者
擅自改动税控装置的，税务机关责令其限期改正，可以
处 2 000 元以下的罚款

    B. 非法印制、转借、倒卖、变造或者伪造完税凭证的，税
务机关责令其改正，处 2 000 元以上 1 万元以下的罚款

    C. 纳税人逃避、拒绝或者以其他方式阻挠税务机关检查的，
税务机关责令其改正，可以处 2 000 元以下的罚款

    D. 扣缴义务人的开户银行或者其他金融机构拒绝接受税务
机关依法检查扣缴义务人存款账户的，税务机关处 10 万
元以上 50 万元以下的罚款

18. 下列税务行政诉讼范围中，必须先经过税务行政复议程序的
有（　　）。

    A. 税务机关作出的税收保全措施

    B. 税务机关作出的加收滞纳金决定

    C. 税务机关作出的征税决定

    D. 税务机关作出的税收强制执行措施

19. 税务机关作出的下列行为中，应选用必经复议程序申请复议
的有（　　）。

    A. 确认征税对象

    B. 罚款行为

  C. 代收代缴行为

  D. 没收骗取国家出口退税所取得的非法所得

20. 申请人和被申请人在行政复议机关作出行政复议决定以前可以达成和解，行政复议机关也可以调解，下列选项中可以和解与调解的有（ ）。

  A. 核定税额   B. 行政赔偿

  C. 行政奖励   D. 确定应税所得率

21. 税务行政复议机关可以对某些税务行政复议事项进行调解。以下符合税务行政复议调解要求的有（ ）。

  A. 遵循客观、公正和合理的原则

  B. 尊重申请人和被申请人的意愿

  C. 在查明案件事实的基础上进行

  D. 不得损害社会公共利益和他人合法权益

22. 下列行为申请人和被申请人在行政复议机关作出复议决定以前可以达成和解，行政复议机关也可以调解的有（ ）。

  A. 行政诉讼   B. 行政赔偿

  C. 行政奖励   D. 行政处罚

23. 下列关于税务行政复议受理的陈述，正确的有（ ）。

  A. 行政复议机关收到行政复议申请以后，应当在 5 日内审查，决定是否受理

  B. 对符合规定的行政复议申请，自行政复议机构收到之日起即为受理；受理行政复议申请，应当书面告知申请人

  C. 上级税务机关认为有必要的，可以直接受理或者提审由下级税务机关管辖的行政复议案件

  D. 具体行政行为在行政复议期间，行政复议机关认为需要停止执行的，可以停止执行

24. 下列关于税务行政复议证据的陈述，正确的有（ ）。

  A. 在行政复议中，被申请人对其做出的具体行政行为负有举证责任

  B. 行政复议机关应当依法全面审查相关证据，定案证据应当具有合法性、真实性和关联性

  C. 在行政复议过程中，被申请人可以向申请人和其他有关组织或者个人收集证据

  D. 行政复议机构认为必要时，可以调查取证

25. 下列关于税务行政复议证据的表述中，正确的有（ ）。

  A. 违反法定程序收集的证据材料不得作为定案依据

  B. 在行政复议过程中，被申请人不得自行向申请人和其他相关组织或者个人搜集证据

    C. 行政复议证据包括勘验笔录

    D. 需要现场勘验的，现场勘验所用时间需计入行政复议审理期限

26. 下列选项中，属于行政复议证据类别的有（　　）。

    A. 视听资料　　　　　　　　B. 证人证言

    C. 当事人陈述　　　　　　　D. 鉴定意见

27. 下列项目中，属于税务行政诉讼的原则有（　　）。

    A. 人民法院特定主管原则

    B. 由税务机关负责赔偿的原则

    C. 起诉不停止执行原则

    D. 税务机关负举证责任原则

28. 下列选项中，属于税务行政诉讼原则的有（　　）。

    A. 起诉不停止执行原则

    B. 不适用调解原则

    C. 人民法院特定主管原则

    D. 由税务机关负责赔偿的原则

29. 按照《税务行政复议规则》规定，不得作为定案依据的证据材料有（　　）。

    A. 以偷拍获取侵害他人合法权益的证据材料

    B. 不能正确表达意志的证人提供的证言

    C. 拒不提供原件的复制品

    D. 超出举证期限提供的证据材料

18-2　第十八章
多项选择题答案

30. 下列原则中，属于税务行政诉讼的原则有（　　）。

    A. 合法性审查原则

    B. 不适用调解原则

    C. 纳税人负举证责任原则

    D. 由税务机关负责赔偿原则

三、判断题

1. 纳税人办理注销税务登记，应当在提交注销税务登记申请的同时，向税务机关结清税款、滞纳金和罚款，缴销发票、发票领购簿和税务登记证件，经税务机关核准，办理注销税务登记手续。（　　）

2. 纳税人、扣缴义务人应按规定设置账簿，依照合法、有效凭证记账，进行核算。（　　）

3. 在民族自治地区，填写发票可以使用当地通用的一种民族文字。（　　）

4. 增值税专用发票只限于增值税纳税人领购使用。（　　）

5. 一般纳税人未按规定保管专用发票，经税务机关责令限期改

正而未改正的，不得领购开具增值税专用发票。 （　　）

6. 按照税务行政处罚的地域管辖来看，我国税务行政处罚实行的是收入来源地原则。 （　　）

7. 税务机关核发的《外出经营活动税收管理证明》有效期限一般为 30 日，最长不得超过 180 天。 （　　）

8. 税务机关对税务登记证件实行定期验证制度。 （　　）

9. 享有减免税待遇的纳税人，在减免税期间也应按规定办理纳税申报。 （　　）

10. 纳税人、扣缴义务人逃避、拒绝或者以其他方式阻挠税务机关检查，税务机关责令其改正，可以处 5 000 元以下的罚款；情节严重的，处 5 000 元以上 2 万元以下的罚款。 （　　）

18 –3　第十八章
判断题答案

四、简答题

1. 按照《税务行政复议规则》规定，不得作为定案依据的证据材料有哪些？

2. 税务行政诉讼的原则有哪几个？

3. 税务行政处罚的原则？

4. 可导致行政复议中止的情况有哪几种？

18 –4　第十八章
简答题答案

五、计算问答题

某国有企业因有违反税收征收管理法的行为，被税务机关处以 8 000 元的罚款。假定该企业收到税务行政处罚决定书的时间为 2024 年 3 月 1 日，则该企业 4 月 5 日缴纳罚款时的总金额为多少元？

18 –5　第十八章
计算问答题答案

六、案例分析题

案例一

【背景资料】

2024 年 4 月是第 33 个全国税收宣传月。税务部门自 2023 年以来优化升级税费服务诉求解决机制，成立总省两级税费服务诉求分析办理联席会议办公室，构建起"总局统筹、省局主责、上下联动、分级负责"的税费服务诉求解决工作格局。综合运用"互联网 + 督查"、12366 纳税缴费服务热线等渠道的数据资源，以诉求的全面收集、深入分析、及时解决、评估验证，立足纳税人缴费人视角，进一步夯实"便民办税春风行动"服务措施的创新升级基础。

2024 年"便民办税春风行动"，以习近平新时代中国特色社会主义思想为指导，树牢主动服务纳税人缴费人意识，强化科技支撑、数字赋能，着力提升税务行政效能，进一步增强税费服务的可及性、均衡性、精准性。《意见》围绕"进一步夯实税费服务供给基础""进一步提升税费服务诉求响应""进一步强化税费服务数字赋能""进一步推进税费服务方式创新"4个方面，集成推出系列服务举措。

在"进一步夯实税费服务供给基础"方面，聚焦丰富税费服务多元供给，从"优化税费业务办理渠道""优化纳税缴费信用评价""优化涉税专业服务管理"入手，推出全面推广上线全国统一规范电子税务局、优化自然人电子税务局、助力新设立经营主体尽早提升信用级别、提高纳税信用A级纳税人年度起评分等措施，夯实税费服务供给基础，促进一些关键事项办理体验整体提升。

在"进一步提升税费服务诉求响应"方面，聚焦涉税涉费高频热点诉求，在"健全诉求解决机制"高效响应纳税人缴费人诉求的同时，以"增强破解难题实效"为重心，进一步紧贴企业群众实际需求，分类精准施策，着力打通办税缴费堵点卡点，推出拓展个人所得税综合所得汇算清缴优先退税范围、编制支持制造业发展的税费优惠政策指引、开展面向新办纳税人的"开业第一课"活动等措施，提高涉税涉费诉求解决效率。

在"进一步强化税费服务数字赋能"方面，聚焦深化税费大数据应用，通过"推进数据互通共享"和"加强数字技术运用"，推动办税缴费流程优化、资料简化、成本降低，推出依托部门间数据共享完善大病医疗专项附加扣除信息预填功能、优化自然人电子税务局手机端个人养老金税前扣除"一站式"申报功能以及加快推进铁路、民航发票电子化改革等措施，切实提高税费服务水平。

在"进一步推进税费服务方式创新"方面，创新升级"跨域办""跨境办""批量办""一窗办"等集成式服务场景，推进跨区域涉税事项报告异地业务线上办、丰富"税路通"跨境服务品牌知识产品、优化涉税专业服务机构及其从业人员在电子税务局中的代理办税功能、持续优化不动产登记办税"一窗办理"，推动税费服务提档升级。

——摘自国家税务总局办公厅《聚焦"高效办成一件事"增便利提效能税务总局深入开展2024年"便民办税春风行动"》

【思考】

（1）结合材料谈谈税务部门在优化税收征管方面取得了哪些显著成效？这些成效对纳税人和缴费人有哪些积极影响？

（2）谈谈持续开展税收宣传月活动的意义。

（3）谈谈材料如何体现"以人民为中心"的思想。

案例二

【背景资料】

虚报个人收入、虚开发票、虚报应税产品品类……税务部门近日公开曝光了 7 起典型涉税违法案件。

案件一：内蒙古自治区税务部门发现网络主播周梦妮 2020 年至 2021 年期间从事网络直播取得收入，通过虚假纳税申报手段少缴个人所得税 10.26 万元。呼伦贝尔市税务局稽查局依法对周梦妮追缴税款、加收滞纳金并处罚款共计 25.21 万元。周梦妮已按规定缴清税款、滞纳金及罚款。

......

案件三：江西省新余市税务局稽查局依法查处一起利用软件企业税收优惠政策虚开增值税专用发票案件：新余飞烁英泰软件开发有限公司伪装成软件开发企业，通过虚假软件开发等手段，利用软件企业税收优惠政策以及套取地方财政奖励政策，对外虚开增值税专用发票 266 份，价税合计金额 2 498 万元，涉嫌虚开增值税专用发票犯罪。目前，税务部门已将该案虚开线索移送公安机关。

......

案件五：广西壮族自治区玉林市警税联合依法查处一起 ETC 通行费电子发票虚开案件，抓获犯罪嫌疑人 32 人。经查，该犯罪团伙通过控制广西海诚物流有限公司，在没有实际运输业务的情况下，涉嫌让"黑中介"为自己虚开 ETC 通行费电子发票 66 万份，金额合计 5.16 亿元。目前，税务、公安部门正在深入检查中。

......

案件七：青海省税务局稽查局根据精准分析线索，指导海东市税务局稽查局联合公安经侦部门依法查处了青海青丘企业管理咨询服务中心虚开增值税发票案件。经查，该公司将自己包装为平台型企业，实为税务代理公司，通过收取服务费的方式为他人注册个人独资企业、代理涉税事项，在没有发生实际经营业务的情况下，以被代理企业的名义对外虚开增值税发票 1196 份，价税合计金额 1.06 亿元。目前，该案已由公安机关移送检察机关审查起诉，海东市中级人民法院已开庭审理，拟择期宣判。

——摘自《税务部门公布 7 起典型涉税违法案件》，新华社，2024 年 1 月 15 日。

【思考】

（1）从上述案例中，你认为税务部门应如何加强对软件企业税收优惠政策的监管，以防止其被滥用？

（2）针对案件五中提到的 ETC 通行费电子发票虚开问题，你认为税务和公安部门应采取哪些措施来防范和打击此类犯罪行为？

（3）对于案件七中涉及的税务代理公司虚开发票行为，讨论税务部门应如何强化对税务代理机构的监管和审计，以确保其业务合规性？

（4）根据案例分析，提出几点建议，说明如何改进现有的税收

18 -6 第十八章案例分析题答案

征管系统，以提升其对虚开发票等违法行为的预防、检测和惩罚能力。

（5）结合案例三、案例五和案例七，探讨税收征管中存在的风险点以及可能导致这些问题的根本原因是什么？